C Schwabe

Aristophanes und Aristoteles als Kritiker des Euripides

C Schwabe

Aristophanes und Aristoteles als Kritiker des Euripides

ISBN/EAN: 9783743317543

Hergestellt in Europa, USA, Kanada, Australien, Japan

Cover: Foto ©Thomas Meinert / pixelio.de

Manufactured and distributed by brebook publishing software
(www.brebook.com)

C Schwabe

Aristophanes und Aristoteles als Kritiker des Euripides

Jahresbericht

über die

Städtische Realschule I. Ordnung

zu

Crefeld,

durch welchen zu der

Montag den 15. und Dienstag den 16. April 1878

abzuhaltenden

öffentlichen Prüfung

im Namen des Lehrer - Collegiums

ergebenst einladet

Dr. Ed. Schauenburg,

Director der Realschule.

⟶≡≫◯≪≡⟵

Schuljahr 1877—78.

CREFELD.
Druck von Gustav Kühler.

1878. Progr. Nro. 390.

Aristophanes und Aristoteles als Kritiker des Euripides.

Keiner der griechischen Tragiker hat, zumal in neuerer Zeit, so verschiedenartige Beurtheilungen erfahren wie Euripides. Da nun, wie mir scheint, der Grund dieser so weit auseinandergehenden Ansichten grossentheils in den Beurtheilungen zu suchen ist, welche schon die Kritiker des Alterthums dem Euripides widerfahren liessen, so ist es wohl zulässig, wenn man das Urtheil der Kritiker des Alterthums über Euripides thunlichst aufzuklären und festzustellen sucht. Die beiden hervorragendsten Kritiker, welche Euripides noch im Alterthum gefunden hat, sind aber Aristophanes und Aristoteles; desshalb stützen sich auch gerade auf diese Männer die meisten neueren Beurtheiler des Euripides, welche in der Regel, indem sie annehmen, Aristophanes habe sehr ungünstig, Aristoteles sehr günstig über Euripides geurtheilt, sich je nach ihrem Dafürhalten auf die Seite des Einen oder die des Anderen stellen. Beide Auffassungen sind indess nach unserer Ansicht einseitig. Uns scheint vielmehr — wenn es erlaubt ist dies hier vorweg zu nehmen — bei genauerer Betrachtung eine gewisse Uebereinstimmung beider Urtheile sich zu ergeben, wenn nur gehörig berücksichtigt wird, dass wir es zwar bei Aristoteles mit einem Kritiker von Fach zu thun haben, bei Aristophanes dagegen mit einem Komiker, dessen wirkliches Kunsturtheil erst aus seinen Komödien gleichsam herausgeschält werden muss. Auf Grund dieser Voraussetzung treten wir an unsere Aufgabe heran, indem wir erst das Urtheil des Aristophanes vorführen, dann dasjenige des Aristoteles gleichsam als Prüfstein für die Richtigkeit des bei Aristophanes gewonnenen folgen lassen und schliesslich die Uebereinstimmung beider Urtheile in ihren Hauptzügen anzudeuten versuchen werden.

I. Das Urtheil des Aristophanes.

Wie die tragische Kunst des Euripides an sich, so wird natürlich von der neueren Kritik auch das Urtheil, welches Aristophanes in seinen Komödien über diese Kunst abgiebt, in ganz auseinandergehender Weise aufgefasst. Dass Aristophanes den Euripides ungünstig beurtheilt habe, geben zwar Alle zu, aber darin geht man entgegengesetzte Wege, dass die eine Richtung der Kritik behauptet, jene so ungünstige Beurtheilung des Euripides sei durchaus unbegründet und daher zu verwerfen, während die andere Richtung der Kritik jene ungünstige Beurtheilung als eine der Hauptsache nach wohl begründete will anerkannt wissen und sie daher zu der ihrigen macht. Von dem Standpunkt der dem Euripides günstigen Partei aus hat besonders Hartung in seinem „Euripides restitutus" diese Frage behandelt, von dem Standpunkt der dem Euripides

1*

ungünstigen Partei aus hat Eduard Müller in seiner Geschichte der Theorie der Kunst bei den Alten" das Aristophanische Urtheil eingehend und methodisch geprüft. [1])

Die Ursache dieser so scharf ausgesprochenen Meinungsverschiedenheit unter den Gelehrten scheint die zu sein, dass wir es bei Aristophanes zwar mit einem sehr feinen und kunstverständigen Kritiker zu thun haben, aber dennoch nicht mit einem Kritiker von Fach, in dem Sinne etwa, wie Aristoteles Kunstrichter war. Während man nämlich die Urtheile des Aristoteles getrost ihrem Wortlaut nach auffassen und anwenden kann, muss man sich bei Aristophanes stets bewusst bleiben, dass er uns nicht eine schulmässige immer wörtlich zu verstehende Kritik liefern will, sondern dass er eigentlich ein Komödiendichter ist, dass mithin auch seine Kritik gar mannigfachen Einflüssen unterliegt, wie z. B. demjenigen der komischen Form oder dem der Zeitverhältnisse, und dass man demgemäss das eigentliche fachmännische Kunsturtheil des Aristophanes als einen wahren Kern aus gar mancher oft trügerischen Umhüllung herauszuschälen hat. Wird aber dieser wahre Kern seiner Umhüllung vorsichtig genug entnommen, so muss — um hierin gleich Farbe zu bekennen — nach unsrer Ansicht die Beurtheilung des Euripides durch Aristophanes als eine zwar strenge aber im Wesentlichen richtige erkannt werden.

Will man aber das von Aristophanes besonders in seinen „Fröschen" niedergelegte Urtheil über Euripides in seiner Bedeutung als eigentliches Kunsturtheil richtig erfassen, so muss man sich vorher darüber klar geworden sein, welchen Einfluss der Umstand auf das Aristophanische Urtheil ausübt, dass wir es in einer Komödie finden. Da nun ein in einer Aristophanischen Komödie niedergelegtes Kunsturtheil, abgesehen von anderen unwesentlicheren Einflüssen, besonders dadurch getrübt wird, dass es unter dem Einfluss der komischen Form steht und dass die alte Komödie den Zeitverhältnissen eine sehr bedeutsame Einwirkung verstattet, so müssen wir uns erst im Allgemeinen klar machen, welchen Einfluss eben diese komische Form und die Zeitverhältnisse auf das Kunsturtheil des Aristophanes ausüben konnten, und dann erst wird es möglich sein die hierbei gewonnenen allgemeinen Grundsätze im Einzelnen anzuwenden, indem wir das Aristophanische Urtheil selbst vorführen. Schwer zu beklagen ist es nur bei dieser Auseinandersetzung, dass wir die Abhandlung des Aristoteles über die Komödie bis auf ganz geringe Bruchstücke nicht mehr besitzen, dass wir also genöthigt sind die Normen für unsre Beurtheilung vorzugsweise den Aristophanischen Komödien selbst zu entnehmen, ein Umstand, welcher allerdings die Gefahr eines zu subjectiven Verfahrens bei nicht genügender Vorsicht leicht mit sich führen kann.

A. Einfluss der komischen Form und der Zeitverhältnisse auf das Urtheil des Aristophanes.

Wenn wir zunächst den Einfluss der komischen Form auf das in einer Aristophanischen Komödie ausgesprochene Kunsturtheil feststellen wollen, so müssen wir von vornherein gänzlich absehen von gewissen Einzelheiten, welche sich zwar in jeder Komödie des Aristophanes finden,

---

[1]) Von demselben oder einem ähnlichen Standpunkt aus wie Hartung behandelten oder berührten diese Frage: Porson, praef. ad Eur. Hec.: Wieland, Att. Mus. II, 12; |III, 82; Jacobs Miscell. III, 325; Valckenaer, Diatr. in Eur. dram.; und nach Hartung: Droysen, des Aristoph. Werke II, 256; Raumer, Vorles. über a. Gesch. II, 151, Wolter, Aristoph. u. Aristot. als Krit. des Eur., 5; Rudloff, de Aristoph. Eur. irrisore.

Auf demselben Standpunkt wie Ed. Müller stehen: Welcker, des Aristoph. Frösche 252—56; Peters, Aristoph. iudic. de summ. suae aet. trag. 52, 53 etc.; Kock, Aristoph. Frösche, 22, 24 etc.

aber mit der eigentlichen Fabel des Stücks durchaus nichts zu thun haben, sondern nur zur Belustigung vornehmlich des niederen Publikums eingeflochten sind.) Es sind das einestheils einzelne derbe, ja nach unseren Begriffen geradezu rohe Spässe, wie sie am Anfang der „Frösche" (v. 9 ff.) gekennzeichnet werden, anderestheils kleinere eingeschobene Scenen, wie z. B. die Prügelscene in der Unterwelt (Frösche. v. 622—73). Diese nach unseren Begriffen überflüssigen, oft sogar störenden Zuthaten scheinen aber für den Dichter fast unvermeidlich gewesen zu sein, da sie in engstem Zusammenhang stehen mit der Entstehungs- und Entwickelungsgeschichte der griechischen Komödie und desshalb das Publikum an diese derbe Kost einmal gewöhnt war. Solche Einschiebsel aber können natürlich uns bei unserer Betrachtung nicht berühren.

Von diesen Spässen aber sind sehr scharf zu unterscheiden diejenigen Eigenthümlichkeiten der komischen Darstellung, welche in der Natur der Komödie begründet sind und die wir zusammenfassen können mit dem Ausdruck „Carriciren". Während der tragische Dichter durch das „Idealisiren" in seiner Darstellung die gemeine Wirklichkeit veredelt und uns über dieselbe erhebt, ist der komische Dichter bestrebt die Wirklichkeit noch zu überbieten, um sie uns, gleichviel zu welchem Zweck, ja recht drastisch vor Augen zu stellen. Das Carriciren hat also den Zweck aus gewöhnlichen Personen und Sachen komische zu machen. Damit nun aus gewöhnlichen Personen komische werden, kann der Dichter einmal kleine, wirklich vorhandene Schwächen übertreiben und andere Eigenschaften derselben Person verschweigen, dann aber auch verwandte Schwächen anderer Personen auf die von ihm komisch darzustellende Person übertragen. Dass bei diesem Verfahren aber nicht unbegrenzte Freiheit herrschen darf, sondern eine gewisse Vorsicht, ein gewisser Takt zu üben ist, scheint das Beispiel des Aristophanes selbst zu lehren, dessen „Wolken" sicherlich nicht zum geringsten Theil desshalb durchgefallen sind, weil er seinem Sokrates zu viele Eigenthümlichkeiten der Sophisten andichtete, von denen Jeder wusste, dass sie dem Sokrates gar nicht anhafteten, ja sogar theilweise von ihm geradezu bekämpft wurden. Dagegen scheint Aristophanes mit dem in den „Fröschen" dargestellten Bild des Euripides nach athenischen Begriffen das im Carriciren erlaubte Mass nicht überschritten zu haben, denn trotz der grossen Beliebtheit des carricirten Dichters wurde den „Fröschen" der erste Preis zuerkannt. — Ganz analog diesem Carriciren von Personen kann der komische Dichter auch bei der Darstellung von Handlungen und Sachen verfahren, nur dass ihm hierbei noch ein ganz besonderes, sehr effectvolles Mittel zu Gebote steht, wenn es sich um Darstellung geistiger Dinge und Vorgänge handelt. Um nämlich die darin vorkommenden Verkehrtheiten Jedem ad oculos zu demonstriren, kann sie der Dichter als rein sinnliche Dinge, als recht handgreifliche Concreta darstellen, wie sich das z. B. Aristophanes erlaubt hat, wenn er in den „Fröschen" um das Gewichtige der Aeschyleischen Poesie gegenüber dem Windigen der Euripideischen ganz überzeugend klar zu machen, jeden der beiden Dichter seine Verse in die Wagschale einer Kunstwage hineinsprechen lässt, wobei natürlich dem Zwecke des Komikers gemäss die Poesie des Euripides als zu leicht befunden wird.

Die bisher angedeuteten Mittel der komischen Darstellung könnten zwar füglich in jeder Komödie verwendet werden, gewinnen aber bei der Aristophanischen Komödie eine ganz besondere Bedeutung dadurch, dass dieselbe, heraustretend aus der normalen Entwicklungsgeschichte der griechischen Komödie die Sonderstellung einer politischen Dichtgattung einnimmt. Indess war

---

') Vergleiche hierzu und zu dem Folgenden Peters a. a. O.

diese politische Richtung der Aristophanischen Komödie nicht etwa eine so einseitige und beschränkte, dass der Dichter sich nur mit dem Staate und der Staatsverwaltung selbst hätte befassen dürfen; es stand ihm vielmehr frei alle auf den Staat und das öffentliche Leben überhaupt Einfluss übenden Elemente seiner Beurtheilung zu unterziehen. Und von diesem Gesichtspunkt aus betrachtet, kann die Behandlung des Sokrates sowohl, als auch die des Euripides uns nicht mehr befremden; denn dass Philosophie und Dichtkunst, besonders die dramatische Poesie, im Zeitalter des Aristophanes mit dem öffentlichen Leben auf das Innigste verwachsen waren, bedarf kaum der Erwähnung. — Da nun aber die Komödie, indem sie das öffentliche Leben ihrer Betrachtung in einer bestimmten Absicht unterzieht, so zu sagen eine Art von kritischer Dichtung wird, so muss sie auch das zeitgenössische staatliche Leben, wenn sie es einer Kritik unterziehen will, von irgend einem politischen Standpunkt aus kritisiren, und dieser von dem Dichter gewählte politische Standpunkt ist ihm dann natürlich das Ideal des Guten, nach dessen Massstab er die in seinen Augen schlechte Wirklichkeit um so vernichtender aburtheilen kann. So hat denn Aristophanes als sein Ideal die gute alte Zeit gewählt, die Zeit der Marathonskämpfer, um der in seinen Augen so tief gesunkenen Wirklichkeit einen Spiegel vorhalten zu können, in dem sie erkenne, wie tief sie von dem idealen Standpunkt der Vorzeit herabgesunken. So wird der Komiker, um die Gegenwart kritisiren zu können, ein Lobredner der Vergangenheit. Die Zeiten aber werden in den Menschen gerichtet. Demgemäss muss uns auch Aristophanes die von ihm beurtheilten Zeiten in hervorragenden Männern vorführen, in welchen sich der Geist ihrer Zeit gleichsam verkörpert hat und so muss also auch Aristophanes, wenn er die Dichtkunst seiner Zeit mit derjenigen der Vorzeit kritisch vergleichen will, uns dieselbe als ächter Komiker personificirt vorführen und gleichsam verkörpert in ihren Hauptvertretern. Das aber thut Aristophanes, wenn er in seinen „Fröschen" Aeschylus als Vertreter der älteren tragischen Kunst entgegenstellt dem Euripides als Vertreter der Tragödie der Neuzeit. — Ziehen wir nun noch kurz die Summe von dem über den Einfluss der komischen Form bei Aristophanes Gesagten, so ergiebt sich, dass erstens die Komödie das Recht hat zu carriciren, dass speciell die Aristophanische Komödie dieses Recht auch dem Staat und dem gesammten öffentlichen Leben gegenüber beansprucht und dass sie endlich dieses Recht dadurch auszuüben pflegt, dass sie die Zeit in den Menschen richtet.

Um sich aber darüber klar zu werden, auf welche Weise die Aristophanische Komödie die Zeit in den Menschen zu richten pflegt, ist es das Geeignetste, einmal die Zeitverhältnisse in's Auge zu fassen, unter denen Aristophanes sein Urtheil über Euripides auf der komischen Bühne gefällt hat. Da nun Aristophanes den Euripides als Dichter am Planmässigsten in seinen „Fröschen" beurtheilt hat, so müssen wir auch diejenigen Zeitverhältnisse vorzugsweise betrachten, unter welchen die „Frösche" des Aristophanes zur Aufführung gelangt sind. Die damaligen Zeitverhältnisse aber waren allerdings wohl dazu geeignet als ein Wendepunkt sowohl in der Geschichte des athenischen Staatswesens als auch der griechischen Literatur, besonders der dramatischen Literatur, betrachtet zu werden. Die „Frösche" des Aristophanes wurden nämlich aufgeführt an den Lenäen des Jahres 405 v. Chr., also zu einer Zeit, da der peloponnesische Krieg den athenischen Staat bereits in seinen Grundvesten auf das Tiefste erschüttert hatte; zu einer Zeit, da fast alle die Schäden und Gebrechen, an welchen das athenische Staatswesen krankte, offen zu Tage getreten waren und jeder wohlgesinnte Bürger nicht nur mit tiefster Betrübniss, sondern auch mit einer wehmüthigen Sehnsucht nach einer besseren Zeit erfüllt war, nach einer Zeit etwa, wie der des grossen Nationalkampfs mit den Persern, in welcher sich das Ideal der ächt hellenischen Kalokagathie so schön verwirklicht hatte. Bei dieser so trostlosen Lage des athenischen Staatswesens kam nun auf einmal, gleich einem Sonnenblick nach langer Winternacht, die Siegesnachricht von der bei den Arginusen gewonnenen Seeschlacht. Nun lebte wieder neue Hoffnung in den athenischen Patrioten auf, voll frohen Muthes schaute das so leicht erregbare Volk wieder in die Zukunft. Diesen Augenblick benutzt nun mit glücklichem Griff Aristophanes, um dem Volk einen Spiegel seines bisherigen Lebens vorzuhalten und zugleich ihm ein Musterbild vor Augen zu stellen, dem es ähnlich werden müsse, wenn der Staat sollte gerettet werden. Das Musterbild aber, welches der durchaus conservative Aristophanes aufstellt, muss natürlich der verkommenen Gegenwart gegenüber die gute alte Zeit sein, die Zeit der Marathonskämpfer. Die Lage des Staates aber in allen ihren Gestaltungen und Erscheinungsformen in einer Komödie vorzuführen geht nicht an; desshalb führt Aristophanes das corrumpirte öffentliche Leben nur in einer seiner Erscheinungsformen vor, nämlich in der Beschaffenheit der damals mit dem staatlichen Leben noch eng verwachsenen Dichtkunst. Dieser Griff aber, die Lage des staatlichen Lebens in der Lage der Poesie vorzuführen, war zu jener Zeit ein ganz überaus glücklicher, denn wie der Staat als solcher durch das Missgeschick im Krieg, so hatte damals die Dichtkunst die schwersten Schicksalsschläge zu erdulden gehabt; waren doch die beiden grössten Tragiker jener Zeit in einem und demselben Jahr, 406 v. Chr., fast unmittelbar hintereinander durch den Tod abberufen worden, hatten doch Sophokles und Euripides die tragische Kunst verwaist zurückgelassen. Dieses gleichzeitig hereinbrechende Unglück für Staat sowohl als Dichtkunst veranlasst den Komiker die Verderbtheit und Nothwendigkeit einer Besserung des Ganzen zunächst speciell an der tragischen Kunst nachzuweisen, eine Aufgabe die der Komiker natürlich mit den ihm eigenthümlichen schon besprochenen Mitteln zu lösen versucht. Der Komiker greift nämlich von allen den Dichtern der modernen, seiner Ansicht nach so staats- und sittengefährlichen Richtung in der Dichtkunst einen und zwar den bedeutendsten und desshalb auch bekanntesten heraus in der Person des Euripides; denn dass Euripides im Vergleich zu Sophokles oder gar zu Aeschylus als Vertreter einer neueren Richtung in der Dichtkunst betrachtet werden muss, wird wohl allgemein anerkannt, und der an die moderne Dichtung des Euripides sich anknüpfende Streit dreht sich im Wesentlichen doch wohl nur um die Frage, ob in dieser neuen von Euripides betretenen Bahn ein gesunder Fortschritt oder eine krankhafte Ausartung der tragischen Kunst zu erblicken sei, eine Frage also, deren Beantwortung uns an dieser Stelle nicht obliegt. Der in der Komödie nun vorgeführte Euripides muss es sich aber natürlich gefallen lassen, dass die ihm wirklich anhaftenden Mängel übertrieben und verwandte Schwächen anderer Dichter ihm noch dazu in die Schuhe geschoben werden, damit in seiner Person das vom Dichter gewünschte Zerrbild der Neuzeit auch dem blödesten Auge ersichtlich werde. Aber damit begnügt sich der Komiker noch nicht einmal, sondern damit die Verderblichkeit und Staatsgefährlichkeit der neueren Poesie noch deutlicher hervortrete, wird die vom conservativen Aristophanes als mustergültig erkannte Poesie der guten alten Zeit mit ihrem auf Sitte und Staat so überaus förderlichen Einfluss der verderbten neueren Poesie gegenübergestellt und zwar auch sie gleichsam verkörpert in ihrem Altmeister tragischer Kunst, nämlich in Aeschylus. Und in der That muss, wenn es sich darum handelt dem Euripides einen anderen Tragiker gegenüberzustellen, Aeschylus als der geeignetste Widerpart zu Euripides betrachtet werden, denn Aeschylus stand ja mitten drin in jener erhebenden Periode des Nationalkampfs, ja er selbst hatte in der Schlacht von Salamis noch wacker mitgefochten. Aus der Thatsache aber, dass Aeschylus und nicht etwa Sophokles dem Euripides gegenübergestellt wird zu folgern, Sophokles habe es nicht verstanden das Publikum zu fesseln und Aristophanes habe ihn desshalb für diese Rolle nicht für bedeutend genug gehalten, scheint doch eine mehr wie gewagte Vermuthung; und dennoch ist dieselbe in ziemlich scharfen Worten von Hartung in seinem „Euripides restitutus" ausgesprochen worden, indem er sich durch das Bestreben seinen Clienten möglichst rein zu waschen sogar dazu verleiten lässt, den hochangesehenen Sophokles in den Augen der Welt herabzusetzen, auf dass sein Euripides um so herrlicher erscheine. Hartung schreibt nämlich (I, 381) wie folgt: „Ceterum carmina quanto minus ad similitudinem verorum hominum imaginarios exprimant, tanto et ad movendum minus efficacia et ad docendum minus utilia esse ipsi illi vituperatores, qui inter nos extiterunt, exemplo suo confirmarunt. . . . . Et documento est etiam Sophocles, qui cum heroum dignitati servandae maxime studeret, delectavit quidem homines . . . . sed minus perstrinxit . . . . ut statim post obitum eius non Sophocles an Aeschylus, sed Euripides an Aeschylus melior poeta esset quaesitum est. Neque hercle aliam ob causam Sophocli pepercit Aristophanes, quam quod exiguam carmina eius ad mores conformandos, ad acuenda ingenia, ad artium studia excitanda vim habere intellegebat." Solche Vorwürfe also macht Hartung dem Sophokles, und das gestützt auf welche Gründe? Auf weiter nichts, als auf einen Schluss ex silentio. Weil Aristophanes dem Euripides den Sophokles nicht entgegenstellt, muss er damals schon, d. h. unmittelbar nach seinem Tod vergessen gewesen sein, und weil Sophokles von Aristophanes nicht verspottet wird, muss er ein unwirksamer Dichter gewesen sein. Wir glauben denn doch, dass sich das Schweigen des Aristophanes über Sophokles, oder richtiger gesagt die seltene Erwähnung des Sophokles, denn genannt, ja sogar ausdrücklich belobt wird er von Aristophanes, wir glauben denn doch, dass jenes seltene Heranziehen des Sophokles sich auch anders erklären lässt und zwar auf eine für den grossen Tragiker ehrenvollere Weise. Wie schon angedeutet, bedurfte Aristophanes, um zu dem Zerrbild des Euripides ein recht drastisches Gegenstück zu haben eines Mannes und Dichters, dessen Bestrebungen, wenn auch vielleicht theilweise nach der anderen Seite hin fehlerhaft, jedenfalls denen des Euripides durchaus entgegengesetzt waren, und gleichzeitig bedurfte Aristophanes eines Dichters, dessen Eingreifen in das Staatsleben klar zu Tage trat und zwar auch in einer dem Streben des Euripides entgegengesetzten Weise. Ein solcher Mann aber war Sophokles, wenn auch von ganz anderem dichterischen Character als Euripides, keineswegs. Denn erstlich überschreitet er nach keiner Seite hin das rechte Mass, weder nach der von Aeschylus noch nach der von Euripides vertretenen Richtung hin, sondern steht gleichsam in der Mitte zwischen beiden, dann aber griff die Dichtung des Sophokles am Wenigsten unmittelbar in das öffentliche Leben ein, wie er sich überhaupt dem Staatsleben gegenüber scheint bescheiden zurückgehalten zu haben, sagt doch Jon (bei Athen. XIII. p. 604 D.) von ihm: τὰ μέντοι πολιτικὰ οὔτε σοφὸς οὔτε ῥεκτήριος; ἦν, ἀλλ' ὡς ἄν τις εἷς τῶν χρηστῶν Ἀθηναίων. Und eben desshalb, weil der Gegensatz zwischen Sophokles und Euripides ohne allzu grobe Vergewaltigung an Sophokles in der Komödie nicht drastisch genug dargestellt werden konnte, hat Aristophanes den Aeschylus als Widerpart des Euripides gewählt, nicht aber weil Sophokles, wie Hartung will, gleich nach seinem Tod vergessen oder überhaupt zu unwirksam gewesen wäre. Dass ganz im Gegentheil Aristophanes den Sophokles hochgehalten hat, geht einfach daraus hervor, dass er ihn nur sehr selten tadelnd, [1]) häufig dagegen mit ganz

---

[1]) „Friede" 697 ff.

besonderer Achtung [1]) erwähnt und gerade in den „Fröschen" selbst, nachdem Aeschylus die Unterwelt verlassen, den für den ersten Tragiker bestimmten Thron in der Unterwelt dem Sophokles anweist, den er auch schon zu Anfang des Stücks (v. 82) mit den Worten: „ὁ δ'εὔκολος μὲν ἐνθάδ', εὔκολος δ'ἐκεῖ," als einen durchaus „friedseligen" Mann bezeichnet hat und damit doch auch wohl als einen für die Zwecke des Komikers nicht geeigneten. Dass Sophokles in der That hierfür nicht geeignet war, würde auch noch durch eine Vermuthung Meinecke's, wenn sie richtig ist, (Hist. crit. com. Graec. 157) bestätigt werden, eine Vermuthung, die wir übrigens mit allem Vorbehalt wiedergeben. Meinecke vermuthet nämlich auf Grund der Fragmente des Komikers Phrynichos, dass derselbe in seinen „Musen" den Euripides und Sophokles auf die Bühne gebracht habe und vielleicht auch noch den Aeschylus. Die „Musen" des Phrynichos aber sind bei demselben Feste aufgeführt worden, wie die „Frösche" und durchgefallen, während Aristophanes, welcher nur Aeschylus und Euripides einander gegenüberstellte, den ersten Preis erhielt.

Hiermit könnten wir unsere allgemeinen Betrachtungen über die Beeinflussung des Aristophanischen Urtheils abschliessen, wenn uns nicht noch ein Vorwurf zu widerlegen bliebe, welchen die Gegner des Aristophanes ihm darüber machen, dass er den bei seinen Lebzeiten so oft geschmähten Dichter nicht einmal im Grabe ruhen lasse, sondern den Euripides gerade nach seinem Tode noch einmal ganz planmässig auf der Bühne abgekanzelt habe. Nach dem Grundsatze „de mortuis nil nisi bene" würde das Verfahren des Aristophanes allerdings zu verurtheilen sein, wenn er bei seiner Kritik des Euripides nichts weiter beabsichtigt hätte als die Herabsetzung und Verdächtigung eines Einzelnen, der sich noch dazu nicht mehr selbst vertheidigen kann. Das aber war, wenn wir die komische Darstellung nach den angeführten Gesichtspunkten betrachten, in den „Fröschen" keineswegs der Fall. Wir können desshalb den Entschuldigungsgrund, welchen Welcker (a. a. O. 242) für das Verfahren des Aristophanes beibringt, dass er nämlich nach dem Tode des Euripides mehr den „Schein der Unparteilichkeit" für sich gehabt habe, „als zu Lebzeiten des Euripides" wir können diesen, wie mir scheint, doch nicht ganz stichhaltigen Grund Welckers auf sich beruhen lassen; dagegen müssen wir auf das aller Entschiedenste betonen, dass es sich hier gar nicht um einen Kampf gegen eine einzelne Person handelt, sondern um den Kampf gegen ein Princip, welches jene Person in hervorragender Weise vertritt, um den Kampf gegen eine ganze Kunstrichtung, hier also gegen die Kunst des Euripides. Die Kunst des Euripides aber — denn bei der Dichtkunst „stirbt der Zauber mit dem Künstler nicht ab" sondern „der Gesang des Dichters lebt noch nach Jahrtausenden" — die Kunst also des Euripides und die in derselben ausgesprochene Denk- und Anschauungsweise war nicht mit dem Dichter selbst zu Grabe getragen, sie konnte nach des Dichters Tod noch ebenso fortdauern, wie bei dessen Lebzeiten, ja gerade damals, als Aristophanes mit seiner Kritik hervortrat, also kurz nach dem Tod des Euripides, war die Gefahr des Umsichgreifens der Euripideischen Anschauungen noch viel grösser als zu des Dichters Lebzeiten, denn die jüngeren Tragiker damaliger Zeit folgten fast ausnahmslos der Kunstrichtung des Euripides und die destructive Tendenz, welche der Meister noch mit einem gewissen Takt und mit Mass hatte zu Tage treten lassen, drohte in den Händen von Nachtretern, die den Meister noch überbieten wollten, geradezu gefährlich zu werden. Von diesen Dichterlingen aus dem Gefolge des Euripides war aber keiner bedeutsam genug, um als Vertreter der gesammten Richtung vorgeführt werden zu können, dazu musste man den Meister

---

[1]) „Frösche" 786—94; 1515 ff.

selbst belangen, der ja auch in der That als Urheber so vieler Ausschreitungen in der Kunst, wenigstens nach Anschauung des Aristophanes, gelten musste. Dass auf diesem mehr principiellen Wege die scheinbare Impietät des Aristophanes erklärt werden muss, wird um so wahrscheinlicher, als Aristophanes sonst Männer, die er bei ihren Lebzeiten heftig angegriffen hatte, nach ihrem Tod in Ruhe liess oder sie sogar, wenn sie doch gerade zu nennen waren, mit einer gewissen Scheu und Achtung erwähnte; so wird z. B. Kleon, den Aristophanes doch, so lange jener öffentlich wirkte, auf das Heftigste, besonders in den „Rittern", angriff, nach dessen Tod kaum mehr erwähnt, ja Aristophanes spricht sogar, gerade in Bezug auf Kleon („Wolken" 549 ff.) als seinen Grundsatz gefallenen Grössen gegenüber den aus, sie ungeschoren zu lassen. Ebenso wird der in den „Acharnern" und im „Frieden" verspottete Lamachos nach seinem Tod in den „Thesmophoriazusen" (v. 841) und in den „Fröschen" (v. 1039) mit Anerkennung seiner Tapferkeit rühmend hervorgehoben.

B. Das Urtheil selbst.

Das Urtheil des Aristophanes über Euripides findet sich am Umfassendsten und Klarsten ausgesprochen in den „Fröschen," in welcher Komödie Euripides selbst als eine Hauptperson auf die Bühne gebracht und abgeurtheilt wird. Desshalb legen wir diese Komödie unserer Betrachtung zu Grund und fügen an den geeigneten Stellen diejenigen Bemerkungen über Euripides ein, welche Aristophanes in anderen Komödien, besonders in seinen „Acharnern" und „Thesmophoriazusen" ausgesprochen hat.

Um in den „Fröschen" den schon in der Unterwelt weilenden Euripides doch auf die Bühne bringen zu können, hat Aristophanes folgende ganz eigenthümliche Situation geschaffen. Es tritt der Gott Dionysos auf, dessen Feste durch den Tod des Sophokles und Euripides verwaist sind und macht sich gleichsam zum Vertreter des gesammten athenischen Volkscharacters besonders aber der öffentlichen Meinung gegenüber der tragischen Kunst, des Theaterpublikums also, indem er seinen Schmerz über die gegenwärtige Verwaistheit der tragischen Bühne ausspricht. Noch jüngst hat der Gott die „Andromeda" des Euripides gelesen und ist dabei von einer solchen Sehnsucht nach dem dahingeschiedenen Dichter ergriffen worden, dass er nun den festen Entschluss gefasst hat selbst in die Unterwelt zu gehen, seinen Liebling von dort zu holen und somit der Bühne und dem Staat — denn auch der bedarf eines tüchtigen Dichters bei dem damals so engen Zusammenhang zwischen staatlichem Leben und Kunst [1] — den geliebten Euripides wiederzuschenken. Wir begleiten nun wirklich den Dionysos in die Unterwelt, wo er zu einem für seine Absichten sehr günstigen Zeitpunkt ankommt. Es ist nämlich im Reich der Todten gerade ein Streit ausgebrochen über die Frage, ob dem Aeschylus oder Euripides der für den grössten Tragiker in der Unterwelt bestimmte Thron gebühre. Bisher hatte Aeschylus diesen Ehrensitz neben dem Thron des Pluto selbst unbestritten innegehabt, da kommt auf einmal Euripides und gestützt auf eine rasch zusammengelesene Bande von schlechtem Gesindel, welches

---

[1] Dass Dionysos hier diese Bedeutung hat ist jetzt (vergl. Welcker a. a. O. 227 ff., Peters a. a. O. 4, Kock a. a. O. 26 ff.) wohl ausser Zweifel, zumal da Benndorf (Beitr. zur Kenntniss d. alt. Theaters 1. Aufsatz) zur Erklärung dieser Rolle des Dionysos auch noch auf das nach bekannten Zeugnissen während der Vorstellungen in der Orchestra aufgestellte Bild des Dionysos hinwirft. Somit sind Dionysos und Jacchos in den „Fröschen" zwei auseinanderzuhaltende Erscheinungsformen von ursprünglich einer und derselben Gottheit. Welcker, a. a. O. 227 ff.

auch in der Unterwelt sehr zahlreich vorhanden, beansprucht er, dass Aeschylus ihm als einem grösseren Meister jenen Ehrenplatz einräume. Da nun Aeschylus diesem Ansinnen sich nicht gutwillig fügen mag, so verfällt man auf das Auskunftsmittel einen solennen Kunststreit zwischen den beiden Tragikern, eine Art Sängerkrieg in der Unterwelt zu veranstalten, damit solchergestalt zuverlässig entschieden werde, wer von den beiden Dichtern der grössere sei, welchem also der Thron des grössten Tragikers gebühre. Diesem feierlich in Scene gesetzten Kunststreit wohnt nun Dionysos bei und hat dadurch Gelegenheit zu prüfen, welcher von den beiden Dichtern der geeignetere für seine und des Staates Zwecke ist und sich hiernach für den einen oder andern zu entscheiden. Obgleich nun Dionysos anfänglich die Absicht hatte sich den Euripides zu holen, wird er doch im Verlauf des Kunststreites so umgestimmt, dass er dem Aeschylus besonders auch wegen dessen bürgerlicher Tüchtigkeit die Palme zuerkennt und ihn unter dem Zähneknirschen und Wuthschnauben des Euripides mit auf die Oberwelt nimmt, während der schmählich unterlegene Euripides auch nicht einmal jetzt nach dem Weggang des Aeschylus den Ehrenplatz erhält, sondern zusehen muss, wie dieser dem Sophokles übertragen wird. — In diesem von v. 830—1481 vorgeführten Kunststreit ist das Aristophanische Urtheil über Euripides niedergelegt, und dieses aus jenem, wie einen Kern aus der Schale herauszunehmen, sei nunmehr unsere Aufgabe.

Der eigentliche, planmässig angelegte Kunststreit erstreckt sich auf v. 871—1410, welchem Haupttheil eine kurze Einleitung, v. 830—870, vorangeht, in welcher der Kunstcharakter des Aeschylus und der des Euripides schon vorläufig im Allgemeinen gekennzeichnet wird. An das Ende des eigentlichen Kunststreites schliesst sich dann noch, v. 1411—1481, ein Nachwort an, in welchem dargethan wird, dass die Aeschyleische Poesie auch für den athenischen Staat nutzbringender und heilsamer wirke als diejenige des Euripides.

1. Die Einleitung zum Kunststreit, v. 830—870, stellt die von Grund aus so verschiedenen Kunstcharactere des Aeschylus und Euripides einander gegenüber, so dass Aeschylus schon von vornherein als ein erhabener, würdevoller Tragiker erscheint, dessen Gedichte das Volk zu allem Guten und Wahren begeistern, während Euripides wegen des Inhalts und der Form seiner Tragödien als würdeloser Sophist gekennzeichnet wird, der selbst vor der Darstellung der niedrigsten Stoffe nicht zurückschreckt und desshalb, ganz im Gegensatz zu der hohen Bestimmung der tragischen Kunst, als ein Beförderer der allgemeinen Sittenverderbniss erscheinen muss. Das Niedrige aber in der Euripideischen Kunst, auf dessen Beleuchtung es in diesem einleitenden Theil ganz besonders ankommt, wird an vier Fällen im Einzelnen dargethan; der erste dieser Fälle, wo Euripides, v. 840, als Sohn einer Gemüsehändlerin verspottet wird, zieht unsre Aufmerksamkeit am meisten auf sich. Diese Anspielung auf die etwas fabelhafte Abstammung des Euripides welche in ähnlicher Form auch an zahlreichen anderen Stellen bei Aristophanes vorkommt, scheint ein Beispiel von jener Freiheit des Komikers zu sein, wonach er mehr abstracte Begriffe, um sie sinnlich fassbarer und recht handgreiflich darzustellen, mit Verhältnissen des gewöhnlichen Lebens in Beziehung setzt und so in diesem Fall das Niedrige in der Kunst des Euripides mit der Niedrigkeit seiner angeblichen Abstammung in Verbindung bringt. Dass Aristophanes in der That die Absicht hatte auf solche Weise das Niedrige in der Kunst des Euripides anzudeuten, wird dadurch wahrscheinlich, dass es sich einerseits in diesem einleitenden Theil der Aristophanischen Kritik nur um Beurtheilung des Kunstcharacters beider Dichter handelt und dass andrerseits auch an anderen Stellen die niedrige Herkunft des Euripides in Zusammenhang gebracht wird mit dem Niedrigen in seiner Kunst, so z. B. „Thesmophoriazusen" v. 910, wo angedeutet wird, dass der

b*

Menelaus des Euripides so niedrig sei, wie des Dichters Herkunft, oder „Acharner" v. 476 ff., wo Euripides, nach dem Dikäopolis ihm alle seine unwürdigen tragischen Hilfsmittel und zuletzt auch noch seine Gemüse abgebettelt hat, ausruft, dieser Mensch habe ihm seine ganze tragische Kunst entrissen. Die Kunst des Euripides, das scheint also der Sinn dieser Anspielungen zu sein, ist ebenso niedrig wie seine Herkunft. Dieses Unwürdige wird dann in dem weiteren Verlauf dieses einleitenden Theils als zu Tage tretend an den wichtigsten Erfordernissen einer Tragödie hervorgehoben, so das Unwürdige in den Stoffen der Euripideischen Stücke, v. 850, wo es sich, wie auch wahr, nicht selten selbst um Ehebruch und Blutschande handele, das Unwürdige in den auftretenden Personen, v. 841—843, die, wie gleichfalls wahr, oft als gar zu klägliche Jammergestalten, ja sogar zur Erregung von Mitleid im Bettlerkostüm aufträten. Das Unwürdige endlich in Einführung kretischer Monodien, v. 849, wahrscheinlich weil in denselben Musik und Tanz miteinander verbunden waren in unkünstlerischer Vermengung beider Künste. Sonach erscheint Euripides allerdings, was seinen Kunstcharacter im Allgemeinen anlangt, als ein Dichter der von der Höhe der tragischen Kunst eines Aeschylus tief herabgesunken ist, und eben das ist der Gesichtspunkt unter welchem Aristophanes den nun folgenden Sängerkrieg darstellen will. Mehr des Scherzes halber lässt er aber noch vorher, v. 868 f., den Aeschylus die für Euripides wenig schmeichelhafte Bemerkung machen, dass dieser in dem nun folgenden Kampf im Vortheil sein werde, weil seine Poesie mit ihm gestorben sei, er sie also stets zu freier Verfügung habe, während seine eigene Poesie, also die des Aeschylus nicht mit dem Dichter zugleich gestorben sei. Wahrscheinlich soll in dieser Bemerkung zugleich eine Anspielung auf einen für den Aeschylus sehr ehrenvollen Volksbeschluss enthalten sein, wonach seine Tragödien auch noch nach des Dichters Tod aufgeführt werden sollten. [1)

2. Der eigentliche Kunststreit liefert die ausführliche Begründung zu dem in der Einleitung mehr im Allgemeinen vorgebrachten Vorwurf über die Niedrigkeit des Euripideischen Kunstcharacters, indem zahlreiche Einzelheiten aus den Werken der beiden streitenden Dichter herangezogen werden. Jeder der beiden spricht sich nämlich über seine eigenen Vorzüge und die Fehler des Gegners nacheinander aus und zwar in der Weise, dass die Schwächen des Aeschylus zwar nicht unberührt bleiben, aber doch der starken Betonung seiner Vorzüge gegenüber zurückstehen, während die Fehler des Euripides in das allergrellste Licht gesetzt werden, da dem Dichter seine Selbstvertheidigung nie recht gelingen will, sondern das Verderbliche seiner Kunst nur noch mehr hervortreten lässt. Ja der Gott Dionysos selbst, der als Unparteiischer dem Streite beiwohnt, und der doch eigentlich die Absicht hatte den Euripides zu holen, kann nicht umhin zu wiederholten Malen dem Aeschylus seine Anerkennung auszusprechen.

Eingeleitet wird der eigentliche Kunststreit nach Aufforderung des Dionysos in solennster Weise durch zwei feierliche Gebete, gesprochen von den beiden Dichtern. Mit feiner Berechnung hat Aristophanes seine Kritik auf diese Weise eingeleitet, denn dadurch war es ihm möglich den religiösen Gegensatz zwischen den beiden Dichtern als eines der bedeutenderen Momente gleich am Anfang zu Ungunsten des Euripides zu betonen und dadurch von vornherein in einer der wichtigsten Fragen gegen Euripides einzunehmen; denn während Aeschylus als getreuer Anhänger des althergebrachten und bewährten Glaubens, v. 886 f., in demüthigem Gebet zu der Demeter

---

[1)] Schol. zu Aristoph. Acharn. v. 10 *τοὺς δὲ μεγίστης ἐτύχε παρ᾽ Ἀθηναίοις ὁ Αἰσχύλος καὶ μετὰ θάνατον αἱ τὰ τὰ δράματα ψηφίσματι κοινῷ καὶ μετὰ θάνατον ἐδιδάσκετο.*

13

fleht, dass sie ihn, den Eleusiner würdig zeigen möge ihrer heiligen Mysterien, zeigt sich Euripides sofort als ein Verächter der überlieferten Religion, indem er, v. 892—894, ganz neue und unerhörte Gottheiten anruft, wie sie in der Schule des Anaxagoras und bei den Sophisten erwachsen waren, nämlich die Luft, die Zunge, den Scharfsinn, die Spürnase. So wird die destructive religiöse Tendenz des Euripides sofort hier an den Tag gelegt, wie ja auch Aristophanes an zahlreichen anderen Stellen den Euripides wegen seiner feindlichen Stellung zur althergebrachten Religion angegriffen hat. Ganz ähnliche sophistische Gottheiten wie die obengenannten, werden schon in den „Fröschen", v. 310—314, verspottet und in den „Thesmophoriazusen", v. 450 ff., wird Euripides geradezu als Gottesläugner gebrandmarkt und zugleich in ächt komischer Weise an einem Beispiel verdeutlicht, wie gemeinschädlich eine solche Gottesläugnung wirkt, indem ein Weib, das bisher davon gelebt hat den Göttern zu weihende Kränze zu flechten, den Euripides anklagt, er habe sie um ihr Verdienst gebracht, denn seitdem er lehre, dass es keine Götter gäbe, kaufe ihr auch Niemand mehr Kränze ab. Wenn auch diese demonstratio ad oculos einen durchaus komischen Charakter trägt, so ist doch nicht zu läugnen, dass dem darin enthaltenen Tadel etwas Wahres zu Grund liegt, denn die so zu sagen rationalistische Anschauungsweise, welcher Euripides in der That huldigte, ist, wie man auch sonst darüber denken mag, für die tragische Kunst jedenfalls ein viel ungeeigneterer Boden als die gläubige Gemüthsstimmung, wie sie aus den Tragödien eines Aeschylus spricht. Somit scheint denn auch der Vorwurf der Irreligiosität wesentlich wegen des zugleich darin liegenden künstlerischen Vergehens von Aristophanes erhoben zu werden; zugleich aber liegt darin auch ein Vergehen gegen das Wohl des Staates, dem der wahre Dichter doch auch dienen soll, und dessen Interesse es nicht minder erheischt, dass der Glaube an die Götter und damit die festeste Grundlage eines Staatswesens nicht erschüttert werde.

Auf die so charakteristischen Gebete beider Dichter folgen nun in dem eigentlichen Kunststreit zahlreiche einzelne Anschuldigungen gegen Euripides, die sich aber in ziemlich ungekünstelter Weise und in glücklicher Uebereinstimmung mit dem Plan, welcher der Poetik des Aristoteles und somit auch der Aristotelischen Kritik des Euripides zu Grunde liegt, in zwei grosse Gruppen zusammenfassen lassen. In der ersten Gruppe, v. 907—1098, werden nämlich vorzugsweise Vorwürfe über die Composition der tragischen Fabel, der Charakterschilderung und des sprachlichen Ausdrucks erhoben. Vorwürfe also, welche sich, um den kunsttechnischen Ausdruck zu gebrauchen, beziehen auf die sogenannten qualitativen Theile der Tragödie.[1]) Die zweite Gruppe von Vorwürfen, v. 1099—1363, bezieht sich dagegen mehr auf die einzelnen Theile der Tragödie, wie Prolog, Chorlieder, Monodien, Vorwürfe also, die gerichtet sind gegen die sogenannten quantitativen Theile der Tragödie.

a. Vorwürfe in Bezug auf die qualitativen Theile der Tragödie. Dieser Theil des eigentlichen Kunststreites ist von Aristophanes so angelegt, dass zunächst Euripides auftritt und indem er, v. 907—991, die Kunst des Aeschylus tadelt, seine eigene dagegen öffentlich anpreist, sich über die qualitativen Theile der Tragödie mehr im Allgemeinen ausspricht, während Aeschylus, der als zweiter Redner auftritt, v. 1006—1098, seine Kunst vor den Angriffen des Euripides vertheidigt, diesen dagegen einer scharfen Kritik unterzieht, durch welche zahlreiche Verstösse des Euripides hinsichtlich der qualitativen Theile mehr im Einzelnen nachgewiesen werden.

---

[1]) Vergl. Aristot. Poetik 1450 a, 7 ff. (6,9): ἀνάγκη οὖν πάσης τραγωδίας μέρη εἶναι ἓξ καθ' ὃ ποία τις ἐστὶν ἡ τραγωδία. ταῦτα δ' ἐστὶ μῦθος καὶ ἤθη καὶ λέξις καὶ διάνοια καὶ ὄψις καὶ μελοποιία und: ἀρχὴ μὲν οὖν καὶ οἷον ἀρχὴ ὁ μῦθος τῆς τραγωδίας, δεύτερον δὲ τὰ ἤθη.

Das Auftreten des Euripides macht von vornherein schon einen übermüthigen und herausfordernden Eindruck. denn er. der doch der jüngere von den beiden Streitenden ist, reisst bei jedem einzelnen Theile des Streites zuerst das Wort an sich und auch in der Form seiner Rede charakterisirt er sich sofort als ein wenig erhabener Dichter durch die kraft- und würdelosen Jamben. deren er sich bedient. Die Vorwürfe nun, welche er in dieser Form dem Aeschylus macht. bleiben allerdings. sofern sie sich auf dessen allzu wuchtige Ausdrücke und dessen Wortschwall beziehen, auf Aeschylus grossentheils mit Recht sitzen. treten aber doch weit zurück gegen die nachher in viel grösserem Umfang gegen Euripides selbst erhobenen und scheinen überhaupt von Aristophanes vorgebracht zu sein. weniger um dem Aeschylus einen Hieb zu versetzen. als um durch den scharfen Contrast die Ausschreitungen des Euripides nach der anderen Seite hin desto auffälliger hervortreten zu lassen. Die Rede des Euripides beginnt gleich mit einer Anpreisung seiner eigenen Kunst. welcher er drei Haupttugenden nachrühmt. erstens nämlich eine klare und Jedermann verständliche Darstellung. zweitens Volksthümlichkeit seiner aus dem täglichen Leben entnommenen Stoffe und drittens die feine Bildung. welche seine Personen zur Schau tragen und dadurch auch bei dem Publikum einführen. Die Art und Weise aber. in welcher Aristophanes den Euripides sich selbst anpreisen lässt. bewirkt natürlich bei dem Hörer. dass jene drei angeblichen Vorzüge der Euripideischen Kunst sich in ebenso viele Fehler derselben verwandeln. dass jene klare und allgemein verständliche Darstellung nur erscheint als eine würdelose Leere und Dürre. jene Volksthümlichkeit als Trivialität. jene feine Bildung als sophistische Afterweisheit. — Seine klare Darstellung erzielt nämlich der Aristophanische Euripides dadurch. dass er die von Aeschylus übernommene. pomphaft geschwollene Kunst zunächst ihrer Schwere beraubt. durch Kunstpurganzen abmergelt und dann das so gewonnene Präparat wieder aufmuntert durch Kunstmittel eigenen Fabrikates als da sind Monodien und jene berüchtigten Prologe. in denen Familienstammbäume der handelnden Personen oder rein äusserliche Erklärungen nach Art eines Theaterzettels vorgeführt werden. v. 945 f. — Die Volksthümlichkeit der Stoffe des Euripides zeigt sich einfach darin. dass er die tagtäglichsten Dinge des gewöhnlichen Lebens auf die Bühne bringt und dass er seine Personen Aeusserungen thun lässt. wie sie. selbst. wenn sie im Leben der Familie vorkämen. doch niemals in Tragödien wiedergegeben werden dürften. Man denke z. B. an die Worte der Euripideischen Medea (,Medea‟ v. 230—255). wenn sie das unglückliche Loos des Weibes beklagt und dabei erklärt eine Niederkunft sei schwerer zu überstehen als drei Schlachten. oder an die Worte des Euripideischen Hippolyt. welcher in dem gleichnamigen Stück. nachdem er die verbrecherische Liebe der Phädra erkannt hat. sich des Längeren über die Schlechtigkeit der Weiber verbreitet. was für Uebel die Frau über ihren Mann bringe. wie sie ihn zur Verschwendung des Vermögens für Putz verleite. welchen Verdruss man allein schon durch schlechte Schwägersleute zu erdulden habe. so dass. müsse denn doch einmal eine Frau genommen werden. die einfältigste immer noch die beste sei. v. 620 ff. Solch einem volksthümlichen‟ Stoff aber und solchen „volksthümlichen‟ Reden müssen natürlich auch die Personen entsprechen. und so rühmt sich denn auch der Aristophanische Euripides damit. dass er von Anfang des Stückes an Niemand müssig stehen lasse. sondern dass der Mann und die Frau. der Sklave und die Tochter und auch das alte Weib allesammt mitwirkten. ein Umstand. mit dem wunderbarer Weise Hartung. indem er glaubt. darin solle auch nach der wirklichen Ansicht des Aristophanes ein Lob liegen. die schlechte tragische Oekonomie des Euripides zu entschuldigen bemüht ist. Auch die Begründung jenes Verfahrens durch den Aristophanischen Euripides. dass

15

es nämlich ächt demokratisch sei, nimmt Hartung sonderbarer Weise als von Aristophanes ernst gemeint, während doch selbst Dionysos, obgleich er bis dahin den Euripides stets gelobt hat, ihn bei dieser Begründung unterbricht, das möge er lieber lassen, denn diese Geschichten seien fürwahr nicht seine starke Seite. — Der angebliche dritte Vorzug der Euripideischen Kunst die ihr innewohnende und durch sie geförderte feine Bildung erscheint auch sofort als Fehler schon dadurch, dass alle Personen, selbst Knechte und Mägde mit weisheitserfüllten Reden auftreten. Sehr treffend hat desshalb auch Aristophanes sich den Kephisophon, den Famulus des Euripides, herausgesucht, um ihn in den „Acharnern,“ v. 401 ff., als ein Exemplar von solch einem „gebildeten Hausknecht“ zu verspotten. Ist nun schon diese Darstellung von lauter philosophirenden, wenn auch noch so geringen Leuten, ein unverzeihlicher Fehler, so wird dieser doch noch wesentlich dadurch gesteigert, dass die ganze angebliche Weisheit des Euripides sich entpuppt als eine rein sophistische Afterweisheit, voll von Kniffen, Listen und Praktiken, welche die Menschheit nicht besser macht, sondern eingebildet, argwöhnisch und verschlagen, so dass alle Treue, alles Zutrauen aus der Welt zu verschwinden droht. Wie weit es mit den Menschen durch solche Künste kommen kann, das zeigt Aristophanes in originellster Weise in den „Fröschen“, v. 1468—1478, wo Dionysos dem Euripides vermittels lauter Euripideischer Citate klar macht, dass er Aeschylus mit auf die Oberwelt nehmen müsse, auch wenn er vorher dem Euripides ein dahingehendes Versprechen gegeben habe. — So werden denn alle jene drei Tugenden durch die Worte des Aristophanischen Euripides als ebenso viele Grundfehler der Euripideischen Kunst vorgeführt und zwar alle desshalb, weil er die früher so erhabene Kunst eines Aeschylus ihrer alten Würde und Majestät beraubt habe, weil er also — und darin scheint der Schwerpunkt bei allen Vorwürfen zu liegen — auch hier unkünstlerisch verfahren ist.

Zu demselben Ziele gelangen wir, wenn wir die Entgegnung des Aristophanischen Aeschylus betrachten, welcher, v. 1006—1098, die ihm von Euripides gemachten Vorwürfe zurückweist und dagegen die Kunst des Euripides einer scharfen Kritik unterzieht, indem er nachweist, was in den einzelnen qualitativen Theilen der Euripideischen Tragödie zu tadeln ist. — Schon bei seinem ersten Auftreten zeigt sich Aeschylus als ein von dem übermüthigen und herausfordernden Euripides grundverschiedener Charakter, indem er nur widerwillig und zögernd, auch erst mehrfach aufgefordert, sich zu einer Entgegnung herbeilässt. Einmal in den Kampf eingetreten, macht er schon durch die Form seiner Rede — er bedient sich äusserst kraftvoll gebauter anapästischer Tetrameter — einen gewaltigen wuchtigen Eindruck, der sofort noch dadurch gesteigert wird, dass Aeschylus, um nicht die Zeit mit Kleinlichkeiten zu vergeuden und um seine eigentliche Aufgabe nur herum zu reden, alsbald den eigentlichen Angelpunkt, um den sich der ganze Kunststreit zu drehen hat, dadurch klarlegt und feststellt, dass er den Euripides fragt, wesshalb man denn eigentlich einen Dichter bewundere, mit anderen Worten also, wass denn eigentlich die Aufgabe der Dichtkunst sei. Euripides kann nun nicht umhin als diese Aufgabe der Dichtkunst die Belehrung und Besserung der Menschen zu bezeichnen und bietet dadurch dem Aeschylus, nach dessen Ueberzeugung die Aufgabe der Dichtkunst die gleiche ist, die sicherste Handhabe ihn damit zu schlagen, dass er nachweist, wie Euripides durch das, was er in seinen Tragödien vorführt, die Menschen eher schlechter mache als besser, mithin die Aufgabe der Dichtkunst, wie er sie selbst fasst, ungelöst lasse. Dass nun gerade die Belehrung und Besserung der Menschen hier als Aufgabe der Dichtkunst hingestellt wird, erklärt sich einfach dadurch, dass Aristophanes, der übrigens mit jener allgemeineren und höheren Aufgabe der wahren Dichtkunst, wie zahlreiche Chorlieder von

16

ihm selbst beweisen, sehr wohl vertraut war, hier besonders diejenige Seite der dichterischen Aufgabe betonen wollte, von der er wusste, dass sie von Euripides am allerwenigsten gelöst wurde. Wie wenig nun Euripides diese Aufgabe löst, versucht der Aristophanische Aeschylus nachzuweisen, indem er sehr zahlreiche Schwächen des Euripides anführt, die wir, weil sie die drei wichtigsten qualitativen Theile der Tragödie berühren, auch nach diesem Eintheilungsgrund geordnet betrachten wollen, so dass wir also zunächst von der tragischen Fabel, dann von der Charakterschilderung und schliesslich vom sprachlichen Ausdruck werden zu handeln haben.

Wie wenig Euripides hinsichtlich der **tragischen Fabel** die Aufgabe der wahren Dichtkunst gelöst hat, zeigen am deutlichsten diejenigen seiner Tragödien, in welchen Verbrechen der niedrigsten Art den eigentlichen Gegenstand des Stückes bilden. So bildet, z. B. vergl. „Frösche" v. 1081, die Grundlage für den „Aeolus" des Euripides das blutschänderische Verhältniss in welchem Makareus mit seiner Schwester Canace lebt, und in dem „Hippolyt", vgl. „Frösche" v. 1043, will die Amme der Phädra als Kupplerin den Hippolyt überreden sich der verbrecherischen Liebe hinzugeben, welche seine Stiefmutter Phädra zu ihm empfindet. Und wenn sich Euripides etwa diesen Beschuldigungen gegenüber glaubt dadurch reinwaschen zu können, dass er erklärt, solche Geschichten wie die von der Phädra seien ja gar nicht von ihm erfunden, so wird diese seichte Entschuldigung durch Aeschylus geradezu vernichtet, indem er entgegnet, vorgefunden habe er allerdings diese Geschichten, aber Sache des wahren Dichters sei es gerade das Schändliche zu verhüllen, nicht aber es auszuführen oder gar auf die Bühne zu bringen, vgl. „Frösche", v. 1052 ff., [1]) ein Gedanke, den in ähnlicher Weise Platen formulirt hat, wenn er von dem Advokaten von Weissenfels (Müllner) sagt: „Indess er euch nur Scheussliches und nie Gescheh'nes zollte — das man, und wär es auch gescheh'n, mit Nacht bedecken sollte." [2]) — Dieser Fehler des Euripides, dass er unerlaubte ja geradezu verbrecherische Verhältnisse auf die Bühne bringt, wird noch gesteigert und ganz unentschuldbar dadurch, dass er solche verwerfliche Leidenschaften noch mit einem gewissen Schein von Ehrbarkeit umgiebt und so das Schändliche noch zu beschönigen sucht. In diesem Bestreben stellt er die unerlaubte Liebe wie einen Krankheitszustand dar, dem der Mensch nun einmal nicht entgehen könne, der ihn desshalb auch nicht weiter verunziere. [3]) Solche die Sittenlosigkeit im Volk befördernde Anschauungen werden denn auch mit Recht von Aristophanes verurtheilt, wenn er z. B. in den „Thesmophoriazusen", v. 1115 ff., den Euripides als Perseus verkleidet auftreten und sagen lässt, die Menschen würden von so vielen und mannigfaltigen krankhaften Zuständen befallen und so werde er jetzt von einem unwiderstehlichen Verlangen nach der Andromeda ergriffen, die in jener Komödie von Mnesilochos, dem Schwager des Euripides, gespielt wird. Ganz ähnlich wird in den „Wolken", v. 1075 ff., der „schwächere Beweis", welcher die Denk- und Anschauungsweise der Euripideischen Richtung personificirt darzustellen scheint, dem „stärkeren Beweis", der mehr dem Aristophanischen Aeschylus entspricht, mit der Behauptung gegenübergestellt, Unzucht und Ehebruch seien gar nichts Verwerfliches, denn die Götter selbst fröhnten diesen Begierden und ausserdem würden sie mit Naturnothwendigkeit von dem Menschen gefordert.

---

[1]) ἀλλ' ἀποκρύπτειν χρὴ τὸ πονηρὸν τόν γε ποιητήν — καὶ μὴ παράγειν μηδὲ διδάσκειν.
[2]) Platen, Verhängnissvolle Gabel, II., Parabase.
[3]) „Hippolyt" 438; „Troerinnen" 1042 ff.

17

Wenn nun auch Euripides nicht in allen Tragödien die hohe Würde der tragischen Kunst dadurch preisgegeben hat, dass die ganze tragische Fabel sich auf unwürdige oder gar unsittliche Handlungen gründet, so hat er es doch selten unterlassen, wenigstens einzelne unwürdige und gesuchte Kniffe und Kunststückchen einzuführen, die nur auf eine rein sinnliche Wirkung berechnet sind und sich somit auch als Verstösse in der Behandlung der tragischen Fabel erweisen. Wir sehen zwar hier noch von den bettel- oder krüppelhaften Helden des Euripides ab, die nur durch Lumpen oder körperliche Gebrechen das Mitleid des Zuschauers erregen sollen, weil darin noch mehr ein Verstoss hinsichtlich des zweiten qualitativen Theils, nämlich der Charakterschilderung zu liegen scheint, wenn aber, ganz abgesehen hiervon, ein Dichter es wagt, eine Frau in Geburtswehen auf die Bühne zu bringen, wie Euripides seine „Auge“, vgl. „Frösche“, v. 1080, die in dem Athenetempel gebiert und wegen dieser Entweihung des Heiligthums sich gegen den Zorn der Göttin noch höhnisch rechtfertigt,[1]) so scheint denn doch für ein solches Vergehen vom Standpunkt der tragischen Kunst aus eine Rechtfertigung nicht mehr möglich zu sein. — Unschuldiger aber dennoch unwürdig ist eine Reihe von Kunststückchen derentwegen Euripides in den „Thesmophoriazusen“ mitgenommen wird. Mnesilochos, der Schwager des Euripides, ist nämlich auf dessen Wunsch in Frauenkleidern in eine Weiberversammlung gegangen, die über den Weiberfeind Euripides zu Gericht sitzen will, um hier als Anwalt seines Schwagers aufzutreten, bald aber wird Mnesilochos als Mann erkannt, festgenommen und streng bewacht, um dann dem Gericht überliefert zu werden. Von dieser seiner trostlosen Lage möchte er nun gern seinen Schwager, der ihn in das Unglück gelockt hatte, in Kenntniss setzen und verfällt desshalb auf Mittel, wie sie in ähnlichen Fällen Euripides in seinen Tragödien angewendet hatte. So befolgt Mnesilochos zunächst v. 765—784, eine ähnliche Methode, wie die im Euripideischen „Palemedes“ angewendete, wo beschriebene Schiffsruder in das Meer geworfen werden, um dem entfernten Vater Kunde von dem Unglück seines Sohnes zu geben; ganz ähnlich streut nun Mnesilochos beschriebene hölzerne Täfelchen auf der Bühne aus, auf welchen er Kunde von seiner Gefangenschaft giebt, in der Hoffnung, dass Euripides ein Täfelchen auffängt und ihm zu Hülfe kommt. Hierauf kommt denn wirklich Euripides und sucht als Euripideischer Menelaus verkleidet die Wächterin zu überzeugen, Mnesilochos sei Helena, als welche dieser sich auch sofort aufspielt, und diese seine Gattin müsse er entführen, v. 855—927. Da dieser Kniff aber nichts nützt, tritt Euripides zunächst als „Echo“, v. 1056 ff., eine Figur in der Euripideischen „Andromeda“, auf, um diese Figur als eine durch ihre ewigen Wiederholungen für die Tragödie unpassende in komischster Weise zu kennzeichnen, und dann als „Perseus“ verkleidet, um den Mnesilochos, der nun die Andromeda spielt, in dieser Eigenschaft zu entführen, v. 1018 ff. Indess alle diese Kunststückchen, die in ächt Euripideischer Manier erfunden, zum Theil sogar kopirt sind, erweisen sich als vollkommen eitel und nutzlos, wodurch wahrscheinlich Aristophanes ihre Niedrigkeit und Unzulässigkeit in einer Tragödie noch deutlicher wollte hervortreten lassen. — Noch mehr auf rein äusserlichen Effect und also auch auf ein niedriges Publikum berechnet sind die von Aristophanes verspotteten Anhäufungen von Klagen und Flüchen bei Euripides. Für eine Anhäufung von Klagen bietet die Euripideische „Andromeda“ ein Beispiel, jenes so weinerliche Drama, welches bei Dionysos, wie er in den „Fröschen“, v. 52—67, erklärt, eine so grosse Sehnsucht nach dem Dichter erweckt, dass er ihn

---

[1]) Fragm. 2; Strabo 13, 615.

18

aus der Unterwelt holen will, eine Sehnsucht, wie man sie etwa nach Erbsenbrei habe, einem Gericht also, das selbst einen Fresser wie Herkules stopft; denn diesem gegenüber will Dionysos sein Verlangen durch dieses Gleichniss versinnlichen. Eine Anhäufung ordinärster Flüche, die dem Euripideischen „Theseus" entnommen sein sollen, wird in den „Fröschen", v. 465—478 vorgebracht, indem Aeakos, der Thürhüter des Pluto in der Unterwelt, diese Flüche verwendet, um den mit Löwenhaut und Keule, den Attributen des Herkules, versehenen Dionysos, den er für den wirklichen Herkules hält, als einen ganz gemeinen Hundedieb zu brandmarken, der den Cerberus aus der Unterwelt gestohlen habe. — Am meisten aber auf Knalleffect berechnet sind diejenigen Euripideischen Kunststückchen, wo ein Drohender oder Bittender, um seinen Drohungen oder Bitten mehr Nachdruck zu geben, dem Bedrohten oder Angeflehten irgend einen werthvollen oder geliebten Gegenstand entreisst, wie z. B. in der Euripideischen „Andromache" das kleine Kind der Andromache. Dieser Kunstgriff wird von Aristophanes in den „Acharnern", v. 331, äusserst wirkungsvoll in das Lächerliche gezogen, indem Dikäopolis den ihm grollenden Acharnischen Kohlenbrennern droht, er werde einen Kohlenkorb, den er schnell an sich gerissen hat, als das den kohlenbrennenden Acharnern theuerste Unterpfand sofort mit dem Schwerte durchbohren, wenn sie seiner nicht schonen würden. Noch deutlicher wird auf die Andromache angespielt in den „Thesmophoriazusen", v. 750, wo der in der Weiberversammlung in grösste Noth gerathene Mnesilochos sich dadurch zu sichern sucht, dass er einer Frau ihr kleines Kind, das sie als ihr Liebstes mit sich führt, von der Brust reisst, ein allerdings theures Unterpfand, da sich nämlich das vermeintliche Kind, aus seiner Umhüllung gerissen, als ein wohlgefüllter Weinschlauch entpuppt. — Räumen wir nun auch bereitwillig ein, dass die Aristophanische Kritik des Euripides stark carricirt und Einzelheiten in einer für Euripides ungünstigen Weise aus dem Zusammenhang reisst, so muss doch hinsichtlich der Behandlung der tragischen Fabel angesichts so vieler thatsächlicher Anhaltspunkte in den Tragödien des Euripides selbst zugestanden werden, dass er durch Einführung unsittlicher Grundlagen für die tragische Fabel und durch Beeinflussung derselben vermittels willkürlich ersonnener Kniffe und auf rein sinnlichen Effect berechneter Kunststückchen nicht immer ächt künstlerisch geblieben, vielmehr von der idealen Höhe der tragischen Kunst zu sehr in die Sphäre des gewöhnlichen Lebens herabgestiegen ist.

Die Behandlung des zweiten qualitativen Theils der Tragödie, der Charakterschilderung nämlich, an der Hand der Aristophanischen Kritik führt, wie schon die Unzertrennlichkeit der Charakterschilderung mit der tragischen Fabel schliessen lässt, zu einem ähnlichen Resultat, wie die Betrachtung der letzteren. So mussten wir schon vorhin jener bettel- und krüppelhaften Helden des Euripides gedenken, die durch ihre Lumpen oder körperliche Gebrechen, also durch rein äusserliche Mittel, das Mitleid der Zuschauer erregen wollen. So soll der Euripideische Oeneus durch sein greisenhaftes Alter, Phönix durch seine Blindheit, Bellerophon durch Lahmheit und Telephos, weitaus der kläglichste von allen, gar durch sein Bettlerkostüm unsre Aufmerksamkeit erregen. Wie unwürdig ein solches Verfahren für einen Tragiker ist, hat Aristophanes vornehmlich in den „Acharnern", v. 418—486, dargethan, wo Dikäopolis, der ohne Vorwissen der Acharner seinen Frieden mit Sparta abgeschlossen hat, nun, da er Rechenschaft über seine Handlungsweise ablegen soll, kein besseres Mittel weiss um den Zorn der Acharner zu mildern, als dass er sich zu Euripides begiebt und demselben sein bettlermässiges Telephoskostüm abbettelt nebst allen anderen Abzeichen grösster Armuth. So kostümirt hofft Dikäopolis zuversichtlich das Mitleid der Acharner erregen zu können, der arme Dichter aber bekennt verzweifelt, nachdem er diesen seinen tragischen Apparat dahingegeben hat, dass ihm seine ganze Kunst entrissen sei. Damit nun das Unwürdige dieser Euripideischen Charakterschilderung aller Welt recht klar werde, weist Aristophanes in den „Fröschen", v. 1063—1068, in seiner komischen Weise auch auf die nachtheilige Einwirkung hin, welche solche Charakterschilderungen auf das praktische, besonders staatliche Leben ansüben, denn nun erschienen, von den Künsten des Euripides angesteckt, selbst die reichsten und vornehmsten Athener nur noch in Lumpen gehüllt an der Oeffentlichkeit, in der Hoffnung, dadurch allen Leistungen an den Staat zu entgehen. — Mehr noch als in der Charakterschilderung männlicher scheint Euripides in derjenigen weiblicher Figuren gesündigt zu haben, ein Fehler, der offenbar mit dem fast sprichwörtlich gewordenen Weiberhasse des Dichters in einer gewissen Verbindung steht. Als Ursache dieses angeblichen Weiberhasses wird gewöhnlich auf Grund der Lebensbeschreibung des Euripides angegeben, er habe nacheinander mit zwei treulosen Gattinnen sehr schlimme Erfahrungen gemacht und sei daher [1]) von einem solchen Hass gegen das ganze weibliche Geschlecht erfüllt worden, dass er keine Gelegenheit unbenutzt liess, den Frauen Uebeles nachzureden. Zugegeben nun, Euripides hätte wirklich mit seinen eigenen Frauen so schlimme Erfahrungen gemacht, so lag doch darin für einen wahren Dichter noch keine Veranlassung, in seinen Tragödien Frauen von niedriger, ganz unweiblicher Gesinnung oder gar Strassendirnen auf die Bühne zu bringen. Einen so geringen Massstab, wie es in diesem Falle gerade Lobredner des Euripides thun, an die Kunst des Dichters anzulegen, ihm nachzusagen, er habe sich durch derartige äussere Gründe in seiner künstlerischen Thätigkeit beeinflussen lassen, dazu können wir uns, obgleich nicht gerade Lobredner des Dichters, doch nicht entschliessen. Uns scheint es viel wahrscheinlicher, dass jene Fabeln über das häusliche Unglück des Euripides der Hauptsache nach erst aus dem Kunstcharakter des Dichters extrahirt worden sind, und dass sie dann, vielleicht noch bestärkt durch vage Gerüchte über das häusliche Leben des Euripides, erst nachträglich gleichsam der volksthümliche Ausdruck für jenen fehlerhaften Zug in dem Kunstcharakter des Dichters wurden. Die wahre Ursache dieser so ungünstigen Darstellung des weiblichen Geschlechtes scheint also auf den Grundfehler der Euripideischen Kunst zurückzugehen, dass er nämlich überhaupt zu sehr in die Tiefen des gewöhnlichen Lebens herabstieg und so auch eine niedere Frauenwelt in seine Tragödien glaubte einführen zu sollen, zumal er vielleicht hoffte, gerade dadurch sein Publikum in pikanter Weise zu fesseln. Den Komikern bot natürlich dieser Fehler des Euripides, und die mit demselben zusammenhängenden Fabeln über des Dichters Häuslichkeit eine willkommene Handhabe den Dichter zu geisseln, und so hat denn auch Aristophanes seiner gedacht in den „Fröschen" v. 1049—1051. Hier wird nämlich die Euripideische Stheneböa herangezogen, die, nachdem es ihr trotz aller Bemühungen nicht gelungen ist, den Bellerophon zu verführen, sich entschliesst den Giftbecher zu trinken. Um hierbei auch des praktischen Nachtheils solcher Darstellungen nicht zu vergessen, fügt Aristophanes, vielleicht mit Anspielung auf einen damals vorgekommenen Fall, noch hiezu, dass in Folge solcher Beispiele die ehrbaren Gattinnen vornehmer Männer aus Scham über die Schwäche ihres Geschlechtes Selbstmordgedanken bekämen. Aber nicht nur zu einzelnen Anspielungen hat das Verhältniss des Euripides zum weiblichen Geschlecht dem Komiker Anlass gegeben, nein, er hat es sogar zum Hauptgegenstand einer ganzen Komödie gemacht, nämlich der „Thesmophoriazusen." Aristophanes fingirt nämlich, die Weiber Athens hätten sich am Feste der Thesmophorien versammelt, um zu

---

[1]) Vgl. Rudloff a. a. O. S. 10 und 11.

3*

20

berathen, wie man Euripides wegen seiner feindlichen Stellung dem weiblichen Geschlecht gegenüber bestrafen könne; in dieser Versammlung habe der als Frau verkleidete Mnesilochos, wie
schon oben angedeutet, seinen Schwager Euripides vergebens zu vertheidigen gesucht und so sei
denn Euripides gänzlich hülflos schliesslich von den Weibern gezwungen worden, einen Friedens-
vertrag mit ihnen abzuschliessen, worin er versprechen muss, fortan das weibliche Geschlecht zu
verschonen. So scheint Aristophanes, indem er die Resultatlosigkeit des Kampfes gegen die
Weiber höchst drastisch zur Darstellung bringt, gleichzeitig auf den darin liegenden künstlerischen
Fehler des Euripides haben hinweisen zu wollen.

Der dritte qualitative Theil der Tragödie, der sprachliche Ausdruck nämlich, wird
zwar in der Beurtheilung des Euripides durch den Aristophanischen Aeschylus nur, v. 1069—1073,
berührt, aber ausserdem an so zahlreichen Stellen in anderen Komödien, dass wir über die Ansicht
des Komikers doch nicht im Unklaren bleiben. [1] Fast alle auf den sprachlichen Ausdruck des
Euripides sich beziehenden Bemerkungen bei Aristophanes greifen die oft mit übertriebener
Geschwätzigkeit verbundene angebliche Deutlichkeit und Verständlichkeit des Euripides an. Eigenschaften die sich der Aristophanische Euripides schon, v. 941—948, nachgerühmt hat. Als erstes
und verhältnissmässig harmlosestes Zeichen jenes Strebens nach vermeintlicher Deutlichkeit kann
die häufige Verwendung der Anadiplosis, d. h. der Verdoppelung oder noch häufigerer Wiederholung eines und desselben Wortes betrachtet werden, ein Verfahren, welches Aristophanes in den
„Fröschen", v. 1338, verspottet, wenn er schreibt „blutigen, blutigen Mord im Blick" [2] oder in
den „Thesmophoriazusen", v. 915, wo gar eine vierfache Wiederholung vorkommt „Entführe mich,
entführe, entführe, entführe mich." [3] Indess wird Aristophanes durch diese Verspottung schwerlich
die Wiederholung eines und desselben Wortes überhaupt haben verwerfen wollen — denn sinn-
gemäss angebracht kann sie sehr wirkungsvoll sein — sondern nur die zu häufige und nicht
immer sinngemässe Verwendung derselben, welche sie bei Euripides als Manier erscheinen lässt. —
Schlimmer sieht es mit der angeblichen Deutlichkeit und Verständlichkeit aus, welche der
Aristophanische Euripides sich in seinen Prologen nachrühmt; denn wenn Jemand, wie es dort
meist geschieht, einfach auftritt und seinen Familienstammbaum auseinandersetzt, eine Art von
Prologen, die Aristophanes in den „Acharnern", v. 48 ff., [4] komisch nachahmt, oder wenn einer
anfängt mit den Worten „ich bin da, indem ich von da oder dort komme, dies oder jenes zu
thun", wie das massenhaft bei Euripides vorkommt, so ist das allerdings sehr klar und verständlich,
aber auch sehr dürftig und trocken, jedenfalls höchst undichterisch: denn Dinge, die sich aus
einer künstlerisch angelegten Exposition der Tragödie von selbst ergeben müssen, werden, um
rasch damit fertig zu sein und um das Feld alsbald rein zu haben für anderweitige Effekte,
etwa nach der Art eines Theaterzettels dem Publikum mitgetheilt. Und mindestens ebenso
undichterisch erscheint die angebliche Deutlichkeit und Verständlichkeit, wenn sie sich schliesslich
entpuppt als haarspaltende Silbenstecherei oder sophistisches Zuspitzen tagtäglicher Gedanken zu
antithetischer Schärfe, und das Alles auch noch bei grösster Dürftigkeit des wirklichen Inhalts.
Wird nun gar eine solche der Sophistenschule entlehnte Ausdrucksweise, wie das Euripides thut,

[1] Vergl. Müller, a. a. O. S. 168 ff.
[2] φοίνιον φοίνιον δεδορκώς
[3] ἄπαγε με, ἄπαγ᾽, ἄπαγ᾽, ἔπαγέ με vergl. auch „Thesm." 913; „Wolken" 1165.
[4] Vergl. die quantitativen Theile der Trag. weiter unten.

Leuten niederen Standes, ja Knechten und Mägden in den Mund gelegt, so wird die Wirkung eine geradezu lächerliche. Am Deutlichsten tritt dieser Fehler des Euripides in einem Citat aus dem Euripideischen „Telephos" hervor, welches Aristophanes in den „Acharnern", v. 440 f., vorbringt „denn völlig aussehen wie ein Bettler muss ich heut — Und immer sein zwar, der ich bin, doch scheinen nicht", wo der ganze scheinbar den ersten Theil erläuternde zweite Theil vollkommen überflüssig ist und nur hinzugefügt wird, um einem höchst einfachen Gedanken einen scharfsinnigen Anstrich zu geben. Wie lächerlich sich insbesondere bei Leuten niederen Standes solche zugespitzte Reden ausnehmen zeigt Aristophanes in den „Acharnern", v. 396 ff., wo er den Kephisophon, den Famulus des Euripides, auf die Frage ob sein Herr zu Hause sei, antworten lässt „Nicht zu Hause, und doch zu Hause, wenn Du das verstehst", was er dann dahin erklärt, dass der Geist des Dichters, zwar auf der Jagd nach Versehen auswärts weile, er selbst aber drinnen an einer Tragödie dichte. Vielleicht soll auch noch in der Bemerkung, dass der Geist auswärts weile, eine Anspielung liegen von der Art, als ob Euripides mehr äusserlich nur Worte zusammen reime, auf den geistigen Zusammenhang aber weniger sehe. Schon die bis jetzt gebrachten Stellen scheinen zu zeigen, dass durch solches scheinbar scharfsinnige Wortgeklingel Deutlichkeit nicht immer erzielt wird, sondern häufig eher das Gegentheil. Noch deutlicher weist Aristophanes auf diesen unbeabsichtigten Erfolg der vermeintlichen Deutlichkeit hin in seinen „Fröschen", v. 1443 ff., Euripides ertheilt nämlich, von Dionysos darum befragt, als Rath zum Vortheil des athenischen Staats, das nun Unsichere, sicher zu achten und das Sichere, nun unsicher. Diesen orakelhaften Ausspruch vermag Dionysos gar nicht zu verstehen, bis er ihm auf sein weiteres Befragen dahin erklärt wird, dass man den Bürgern, denen man jetzt vertraue, misstrauen solle und denen man jetzt misstraue, vertrauen solle. — Selbst moralisch verwerflich können solche sophistisch zugespitzte Aussprüche wirken, wie z. B. der viel citirte, auch von Aristophanes mehrfach [1]) verarbeitete Vers aus dem Euripideischen „Hippolyt" beweist „Die Zunge schwur's, doch unbeeidigt ist der Sinn." [2]) Diese Stelle enthält zwar im Zusammenhang des Hippolyt keine Unsittlichkeit, denn Hippolyt will nur sagen, er habe der Amme der Phädra nur versprochen zu schweigen, wenn ihre Mittheilung ehrenhaft sei, da sie ihm aber nun Mittheilung mache von der unerlaubten Liebe seiner Stiefmutter zu ihm, so halte er sich durch den nur bedingungsweise geleisteten Eid nicht gebunden. [3]) Da aber jener Vers in Folge der Vorliebe des Euripides für scharfsinnig aussehende Antithesen in die Form einer allgemein giltigen Sentenz gebracht ist, so kann er oder muss er, aus dem Zusammenhang gerissen, allerdings sittlich gefährlich wirken, wie das Aristophanes in den „Fröschen", v. 1471, sehr drastisch dadurch zeigt, dass Dionysos, als Euripides nach beendigtem Kunststreit den Gott an das Versprechen erinnern will, ihn, den Euripides, mit an die Oberwelt zu nehmen, dass Dionysos hierauf den Euripides einfach abspeist mit den Worten „Die Zunge schwur's, ich aber nehme mir Aeschylus", und so den Dichter mit dessen eigenen Worten vernichtet. Der zweite Vorwurf, welcher hinsichtlich des sprachlichen Ausdrucks von Aristophanes erhoben wird, betrifft einzelne kühne sprachliche Wendungen des Euripides, besonders die oft so gewagten übertragenen Ausdrücke. So werden in den „Fröschen", v. 100—105, Reminiscenzen aus dem „Alexander" und der „weisen Melanippe" des Euripides spöttisch angebracht, wie „Aether des

---

[1]) „Frösche" 101. 1471.
[2]) ἡ γλῶσσ' ὀμώμοχ', ἡ δὲ φρὴν ἀνώμοτος.
[3]) Vgl. Kock u. a. O., zu v. 101.

Zeus Lusthäuschen" oder „der Fuss der Zeit" oder „Nicht walt' in meinem Geiste."[1] Was dem Aristophanes an solchen gewagten Ausdrücken missfällt, scheint, da er ebenso gewagte Anwendungen bei Aeschylus nicht in dem Grade angreift, die Art und Weise zu sein, wie jene Euripideischen Ausdrücke ersonnen sind und wie sie auf den Hörer einwirken. Während nämlich die Kühnheit des Aeschyleischen Geistes hierin die viel poetischere Richtung auf das Phantastische und Ungeheure einschlägt, tritt bei Euripides in engster Verknüpfung mit seiner ganzen zugespitzten Ausdrucksweise „das Neue und Gewagte in der Gestalt des Sinnreichen, des Witzigen und Artigen"[2] hervor und während dort tief innerlich das Gemüth ergriffen wird, wird bei Euripides nur eine mehr spielende Beschäftigung des berechnenden Verstandes hervorgerufen. — Die praktische Anwendung dieser Kritik des sprachlichen Ausdrucks bei Euripides wird von Aristophanes schliesslich auch noch gemacht, indem er in den „Fröschen", v. 1069—1073, darauf hinweist, dass die Jugend statt sich in der Palästra heranzubilden zu kräftigen und tapferen Männern, wie es in der guten alten Zeit geschah, sich jetzt, von Euripides verführt, sophistischer Redekünste befleissige und sich dadurch zu seichten aber übermüthigen Schwätzern heranbilde, ja selbst die geringsten Arbeiter zeigten sich jetzt, auf eitle Reden gestützt, ihren Herren widersetzlich. Wie bei der Kritik der beiden anderen qualitativen Theile wird also auch hier, nachdem dem Euripides das Unkünstlerische, der Rückgang von der göttlichen Höhe der tragischen Kunst vorgehalten ist, auf die praktische Bedeutung der von Euripides vertretenen Richtung in der Dichtkunst hingewiesen, auf die Gefahren nämlich, welche dem gesammten öffentlichen Leben aus derselben erwachsen.

b. Vorwürfe in Bezug auf die quantitativen Theile der Tragödie. Nur wenige Worte des Chores, welcher die bisherigen Leistungen beider Dichter anerkennt, und sie auffordert den Kampf weiter fortzusetzen, bilden den Uebergang zu dem zweiten Haupttheil des ganzen Kunststreites. Hierauf erklärt sofort Euripides, der sich natürlich das erste Wort nicht nehmen lässt, er werde sich jetzt gleich an die Prologe machen, also an den ersten quantitativen Theil der Tragödie, und zeigen, wie sehr Aeschylus in deren Composition gefehlt habe, v. 1119—1176. Da indess alle Angriffe des Euripides auf die Aeschyleischen Prologe nur aus den kleinlichsten Haarspaltereien und Silbenstechereien bestehen, und er dem Aeschylus einen wirklichen dichterischen Fehler auch nach dem Urtheil des Dionysos nicht nachzuweisen vermag, so dient diese ganze Beurtheilung der Aeschyleischen Prologe durch Euripides nur dazu, um den Beurtheiler selbst als einen scharfsinnig sein wollenden, sophistischen Silbenstecher hinzustellen. — Ganz anders wirkt die Kritik der Euripideischen Prologe durch Aeschylus, v. 1177—1248, auf uns ein. Aeschylus bespricht zunächst einen Prologanfang des Euripides gesondert, eine ganze Anzahl anderer Prologe aber thut er durch ein äusserst wirkungsvolles Verfahren summarisch ab. Jener gesondert behandelte Prolog ist der der Euripideischen „Antigone", in welchem Aeschylus die Verse beanstandet: ἢν Οἰδίπους τὸ πρῶτον εὐδαίμων ἀνήρ εἶτ' ἐγένετ' αὖθις αθλιώτατος βροτῶν, denn man könne nicht sagen, dass Oedipus erst ein wohlbeglückter Mann gewesen und dann erst der unglücklichste aller Sterblichen geworden sei, weil ein Mensch, dem der Gott schon vor der Geburt so vieles Schreckliche geweissagt habe, überhaupt niemals glücklich genannt werden könne. Angesichts dieser Bemerkung glaubt Eduard Müller[3] Aristophanes habe hier durch

---

[1] αἰθέρα Διὸς δωμάτιον, χρόνου πόδα, μὴ τὸν ἐμὸν οἴκει νοῦν.
[2] Müller, a. a. O., S. 173.
[3] a. a. O. S. 157.

den Mund des Aeschylus anspielen wollen auf das Behagen, welches Euripides an raschem, nicht gehörig vorbereitetem Glückswechsel empfand, besonders auch desshalb, weil Aeschylus in seiner Bemerkung auch auf das allmähliche Wachsthum in dem Unglück des Oedipus hinweise. Wir unsrerseits glauben indess nicht, dass bei Behandlung der Prologe gerade der Ort war, von dem unvorbereiteten Glückswechsel bei Euripides zu handeln, da diese Frage in das Gebiet der tragischen Fabel gehört. Auch würde der Aristophanische Aeschylus, wenn er einen Tadel dieser Art beabsichtigt hätte, sich zu verantworten haben vor dem wirklichen Aeschylus wegen einer ganz ähnlichen denselben Oedipus betreffenden Zusammenstellung in den „Sieben gegen Theben") und auch dem Sophokles könnte man denselben Vorwurf machen wegen seiner den Glückswechsel des Oedipus ausdrücklich betonenden Schlussworte im „König Oedipus." ²) Desshalb glauben wir, dass Aristophanes nicht an den unvorbereiteten Glückswechsel überhaupt gedacht hat, sondern nur an den zu antithetischer Schärfe zugespitzten Gegensatz in den beiden Versen, und dass Aristophanes hiermit weiter nichts wollte, als dem Euripides zeigen, wohin man kommt, wenn man nach der haarspaltenden Art die Prologe beurtheilen wollte, wie er selbst unmittelbar vorher diejenigen des Aeschylus vorgenommen hat; denn die ganze vom Aristophanischen Aeschylus hier beliebte Kritik ist in der Euripideischen Manier gehalten. ³) Alle übrigen Prologe, deren Anfänge der Aristophanische Euripides immer selbst vortragen muss, werden von Aeschylus ohne jede weitere kritische Bemerkung einfach dadurch sehr summarisch abgethan, dass er, wenn Euripides zwei oder drei Verse und dazu noch den folgenden bis zur Cäsura Penthemimeris vorgetragen hat, ihn unterbricht, indem er den Rest des Verses selbst bildet mit den Worten: ληκύθιον ἀπώλεσεν „kam um seinen Pomadentopf." So fängt Euripides beispielsweise an den Prolog zu seinem „Archelaos" vorzutragen, aber schon im dritten Vers wird er durch das ληκύθιον ἀπώλεσεν unterbrochen und zwar in folgender Weise. Euripides deklamirt: Αἴγυπτος, ὡς, ὁ πλεῖστος ἔσπαρται λόγος, — ξὺν παισὶ πεντήκοντα ναυτίλῳ πλάτῃ — Ἄργος κατασχὼν woran Aeschylus sein ληκύθιον ἀπώλεσεν den Euripides rasch unterbrechend anhängt. Nicht besser geht es dem Euripides, der immer neue Prologanfänge in das Feuer führt und versichert, jetzt solle es dem Aeschylus gewiss nicht mehr gelingen, sein Stichwort anzubringen, nicht besser geht es ihm mit dem Prolog zur „Hypsipyle", wo auch in dem dritten Vers die Unterbrechung erfolgt, ja bei dem Prolog zum ersten „Phrixos" gestattet die Construction die Unterbrechung schon im zweiten Vers und ebenso bei der „Iphigeneia in Tauris" und bei dem „Meleagros." Was wollte aber nun Aristophanes, wenn er den Aeschylus sagen lässt, er werde durch dieses ληκύθιον durch diesen Pomadentopf alle Euripideischen Prologe zu Schanden werden lassen? Der Ausdruck ληκύθιον bedeutet einen kleinen Krug, der zur Aufbewahrung von Oel und Salben verwendet wurde, dann vielleicht auch das Oel und die Salben selbst,⁴) späterhin auch, aber diese Bedeutung scheint doch erst durch den Scherz des Aristophanes aufgekommen zu sein, den zweiten Theil eines jambischen Trimeters von der Penthemimeris an, den Theil also, welchen die Worte ληκύθιον ἀπώλεσεν gerade ausfüllen. Es würde allerdings, wenn schon in voraristophanischer Zeit

---

¹) v. 773 –791, τίν' αἰδρὼν γὰρ τοσόιδ' ἐναὶ πασαν — θεοὶ ναὶ ξυντόττοι — πόλεος ὁ πολύδοτός ι αἰὼν βροτῶν ζόδον τὸν' Οἰδίπουν τίον — ... ἐπὶ δ' ἀρτίφρων — ἐγένετο μέλεος ἀθλίων — γήμαι ἐπ' ἀλγει δυσφορῶι — μαινομένᾳ κραδίᾳ — δίδυμα κάκ' ἐτέλεσεν. . .

²) v. 1524 ff.

³) Vgl. Kolek, a. a. O. zu v. 1183.

⁴) Vgl. Hartung a. a. O. I. S. 322.

der Ausdruck ληκύθιον Bezeichnung für die zweite Hälfte eines jambischen Trimeters gewesen wäre, [1] das Wort an Vieldeutigkeit gewinnen und der Scherz des Aristophanes noch wesentlich wirkungsvoller sein: indess diese vielseitige Bedeutung des Wortes schon für die voraristophanische Zeit zu statuiren, wie es Droysen [2] allerdings thut, ist unseres Erachtens ein Anachronismus. Der Scherz bleibt aber auch ohnedies noch wirkungsvoll genug, denn wenn Aeschylus dem ᾽Euripides zeigt, dass mit den jedenfalls von ihm hochpathetisch vorgetragenen Prologanfängen ein so gemeines Factum wie das Entzweibrechen oder der Verlust eines Pommadentopfs, also gewiss etwas höchst Triviales, immer und immer wieder in die engste Verbindung mühelos zu bringen ist, so will der Komiker offenbar dadurch andeuten, erstens, dass die Euripideischen Prologe selbst ihrem eigentlichen Inhalt nach von jener Trivialität nicht weit entfernt sind und zweitens, dass sie, da jener Zusatz immer möglich ist, alle an einer grossen Einförmigkeit der Composition leiden. Und in der That fehlt nicht viel, so könnte man ein und denselben Euripideischen Prolog mit entsprechender Veränderung der darin vorkommenden Namen jeder beliebigen Euripideischen Tragödie vorsetzen, ähnlich wie jenes Scherzwort vom Pommadentopf mit jedem jambischen Trimeter des Euripides in Verbindung zu bringen ist. [3] Mit Berücksichtigung aller dieser Umstände hat denn auch Droysen, [4] besonders um das Triviale und oft Wiederholte in jenem Scherzwort zum Ausdruck zu bringen mit glücklichem Griff „die alte Leier" als freie Uebersetzung dafür gewählt, so dass sich beispielsweise der zuerst abgeurtheilte Prologanfang des „Archelaos" also gestaltet: „Aigyptos, wie es viel Gerücht verbreitet hat, — Mit seinen fünfzig Söhnen ruderschnellen Kiels — Gen Argos steuernd" — „Stimmte die alte Leier an." Darin aber, dass dieser Zusatz von der alten Leier immer und überall möglich ist, liegt nicht nur eine Anspielung auf das inhaltlich Geringe der Euripideischen Prologe sondern auch auf die metrische und grammatische Zusammensetzung derselben, denn wenn die Cäsura Penthemimeris nicht so häufig wiederkehrte, wäre jener Zusatz gar nicht möglich, und wenn Euripides sich nicht immer derselben Participalconstructionen besonders in den ersten Verszeilen seiner Prologe bediente, könnte auch jener Zusatz mit dem Verbum finitum sich nicht so leicht an die Construction anschliessen. [5] — Auf andere Fehler der Euripideischen Prologe wurde schon, als wir von den qualitativen Theilen besonders vom sprachlichen Ausdruck handelten, hingewiesen, weil gerade in den Prologen die angebliche Deutlichkeit und Verständlichkeit des Euripides sich so recht als undichterische Dürre und Leere charakterisirte. Diesen Eindruck machen besonders jene berüchtigten Familienstammbäume, welche uns in den Prologen in so trockener Weise auseinandergesetzt werden [6] und die Aristophanes in den „Acharnern", v. 4651, verspottet, indem er den Spartanischen Gesandten Amphitheos in der Athenischen Volksversammlung seine Rede mit Auseinandersetzung seines Stammbaumes wie desjenigen eines Heroen beginnen lässt. Ebenso dient zur Verspottung der angeblichen Deutlichkeit in den Prologen jene Stelle in den „Thesmophoriazusen", wo

---

[1] Unseres Wissens erwähnt diese Bedeutung des Wortes ληκύθιοι erst Tzetzes (Cram. Anect. I, S. 78) dann der Scholiast zu Eur. „Phön." v. 309; zu „Orest." v. 1369, zu Aristoph. „Lysistr." v. 824.

[2] a. a. O. II. S. 327. Anm.

[3] Vgl. Ellendt, De tragic. ex ipsorum act. indicandis, S. 18.

[4] a. a. O. II., S. 327.

[5] Vgl. v. 1206 f., Αἴγυπτος... Ἄργος νατασχών — ληκ. ἀπ. oder v. 1211 f., Διόνυσος... πρδς χωρίοι — ληκ. ἀπ. v. 1217, 1225 f. 1232 f.

[6] Man denke nur an den Anfang der „Iphigenia in Tauris."

Aristophanes den Mnesilochos, welcher Helena in Aegypten spielt mit allerdings mannigfach veränderten Reminiscenzen aus Euripides die Natur des ägyptischen Landes beschreiben und die Bedeutung des Nils für dasselbe auseinandersetzen lässt, also Dinge die für den Zusammenhang des Stücks vollkommen überflüssig erscheinen. — Aus allen diesen Bemerkungen aber über die Euripideischen Prologe blickt als leitender Grundgedanke doch immer der hervor, dass sie nicht immer ächt künstlerisch gehalten sind und zwar vornehmlich dadurch, dass sie mehr den Charakter eines Theaterzettels tragen, anstatt in innigstem Zusammenhang mit der Fabel des Stückes selbst die Exposition zu diesem zu geben.

Als zweiter quantitativer Theil der Tragödie, werden v. 1261—1328 die Chorgesänge behandelt. Euripides, der auch hier wieder zuerst das Wort nimmt, stellt zunächst einzelne Stellen aus den verschiedensten Chorliedern des Aeschylus zu einem neuen Chorlied zusammen, um an diesem Sammelsurium den Hauptfehler des Aeschylus, seine oft übergrosse Wucht und Ueberschwänglichkeit zu geisseln und in komisch übertriebener Weise zu zeigen, durch welche Mittel Aeschylus jenen Eindruck zu erwecken strebt. Wenn nun auch Aeschylus bei dieser Kritik keineswegs vorwurfsfrei ausgeht, so tritt doch alsbald die Beurtheilung des Euripideischen Chorliedes durch Aeschylus weit wirkungsvoller hervor. Der Aristophanische Aeschylus charakterisirt nämlich die Euripideischen Chöre erst im Allgemeinen; ihre Stoffe sagt er, seien höchst unwählerisch entlehnt und zusammengestoppelt aus Trinkliedern,[1]) aus den Skolien eines Meletos, jenes elenden tragischen Dichters, der sich später dazu hergab den Sokrates in nichtswürdigster Weise anzuklagen, und der auch schon durch sein gespensterhaftes und klapperbeiniges Aussehen den Komikern Anlass gab zu erbarmungsloser Verspottung, dann habe Euripides auch Karische Flötenlieder geplündert, wahrscheinlich eine Sorte von Klageliedern, die von Leuten abgespielt wurden, welche für Lohn dazu gedungen waren, überhaupt scheue er sich nicht die Kunst in obscön r Weise zu misshandeln.[2]) Um uns aber ein recht klares Bild zu geben von dieser Chorgesangfabrikation des Euripides, tischt uns auch Aeschylus ein lächerliches Fricasse von einzelnen Brocken aus Euripideischen Chorliedern auf, die zu einem unzusammenhängenden Ganzen verarbeitet sind und deren Euripideische Herkunft grossentheils nachgewiesen ist. Eine entsprechende musikalische Begleitung für den Vortrag dieses Ragouts von Chorlied glaubt Aeschylus — denn die Leier ist dafür zu edel — in der Topfmusik gefunden zu haben, welche „die Muse des Euripides," wahrscheinlich ein altes, zu diesem Zweck eigens auf die Bühne citirtes Weib, dadurch erzeugt, dass sie auf einem alten zerbrochenen Topf herumklappert. — So charakterisirt der Aristophanische Aeschylus vorläufig im Allgemeinen das Euripideiche Chorlied als ein schon vermöge seiner stofflichen Grundlage durchaus unwürdiges und niedriges. Das nun vorgetragene, in Euripideischer Manier abgefasste Chorlied selbst bietet dann weitere Anhaltspunkte für die einzelnen dem Euripides hinsichtlich seiner Chorcomposition zu machenden Vorwürfe. So scheint gleich aus der bunten Zusammensetzung verschiedenartigster Bestandtheile zu einem nicht zusammenhängenden Ganzen auf jene Sucht des Euripides hingedeutet zu sein „ganz disparate Gegenstände und Bilder auf eine pikante Weise zu verbinden." Um die übrigen Vorwürfe ganz zu verstehen, müssten wir allerdings tiefer in die Verskunst und Musik der Griechen eingeweiht sein, als wir es thatsächlich sind; jedenfalls aber, soviel vermögen wir zu erkennen, wollte Aristophanes in zweiter Linie die Neuerungen des Euripides in der Musik angreifen, wie sehr deutlich das Beispiel von εἰειειειει λίσσετε zeigt,

---

[1]) vgl. Kock a. a. O. zu 1301.
[2]) v. 1327 f.

4

ein Fall also, wo sechs Noten auf einer einzigen Silbe lagen, so wie, wenn wir etwa singen wollten „Verdienet nicht eieieieieiein Mensch zu seieieieieiein."[1]) Auf einen dritten Vorwurf, einen metrischen nämlich, weist der Aristophanische Aeschylus ganz ausdrücklich hin, indem er den Dionysos bittet, den jetzt von ihm gebrauchten Versfuss zu beachten; er brauchte nämlich in der vorhergehenden Zeile in der Basis des glykonischen Verses den dort nicht statthaften Anapäst. Und in der That hatte Euripides sich nicht nur diese Freiheit genommen, sondern selbst Dactylen an der fraglichen Stelle zugelassen und überhaupt den glykonischen Vers so frei behandelt, dass er statt des choriambischen Charakters einen dactylischen erhielt. Neben diesem ganz bestimmten Vorwurf scheinen aber auch die zahlreichen Auflösungen und Erweichungen einzelner Versfüsse in dem vorgetragenen Chorlied auf die Manier des Euripides hinweisen zu sollen, wonach er seine jambischen, trochäischen, anapästischen und dochmischen Verse durch zu häufige Anwendung kurzer Silben aller Kraft beraubt. — Das Verhältniss nun, in welchem diese ihrer inneren und äusseren Beschaffenheit nach so scharf verurtheilten Chorlieder des Euripides zu der dazu gehörigen ganzen Tragödie stehen, ihr Verhältniss zur tragischen Fabel also, wird von Aristophanes hier allerdings nicht berührt. Indess ist es bekannt, dass die Chorgesänge, welche bei Aeschylus, wie dies die Entwickelungsgeschichte der Tragödie bedingte, und auch noch, wenn auch schon in freierer Weise, bei Sophokles in innerem Zusammenhang mit den dialogischen Theilen der Tragödie standen, bei Euripides von diesen fast vollständig losgelöst erscheinen und meistens ebensogut oder noch besser für sich betrachtet werden, als im Zusammenhang einer Tragödie, mit deren tragischer Fabel sie doch keinen Berührungspunkt haben. Ein dahin gehender Tadel liegt wahrscheinlich in den „Acharnern," v. 442—444, wo Dikäopolis als Telephos sich kostümirt und sagt, die Zuschauer dürften jetzt zwar wissen, wer er sei, der Chor aber müsse ganz dumm dastehen, damit er ihn mit Redensarten nasenstübern könne. Der Scholiast[2]) wenigstens glaubt, und es ist auch in Anbetracht des ganzen Zusammenhangs jener Stelle, die nur auf eine Verspottung des Euripides abzielt, in hohem Grade wahrscheinlich, dass Aristophanes hiermit auf die Euripideische Tragödie hat anspielen wollen, in welcher allerdings der Chor, nach dem, was er vorträgt, zu urtheilen, von dem Inhalt der dialogischen Theile nichts kennt, diesen gegenüber also ganz dumm dasteht.

Bei der Kritik des dritten von Aristophanes behandelten quantitativen Theils, der Monodien kann allerdings Euripides nicht wie bisher das Wort an sich reissen, weil bei Aeschylus Monodien, die sein Gegner tadeln könnte, noch gar nicht vorkommen, diese vielmehr erst von Euripides in die Tragödie eingeführt sind, eine Erfindung, auf die er sich nicht wenig einbildet. So schliesst denn Aeschylus seine Beurtheilung der Euripideischen Monodien, v. 1329—1363, unmittelbar an die der Chorlieder an. Es kommt auch hier wieder die bereits bewährte Methode zur Anwendung, wonach Aeschylus eine in Euripideischer Manier mit theilweise wörtlicher Entlehnung aus Euripides angefertigte Monodie vorträgt, an welcher alle Fehler des Euripides in starker Uebertreibung angebracht sind und dadurch sofort in die Augen springen. Diese dem Aristophanischen Aeschylus in den Mund gelegte Monodie ist vorgetragen zu denken von einer fleissigen Spinnerin, die während der Nacht damit beschäftigt, ein Knäuel Garn herzustellen, welches sie schon anderen Morgens auf dem Markt verkaufen will, von einem unruhigen Schlummer befallen

[1]) vgl. hierzu Kock, a. a. O., zu v. 1309 und 1314. [2]) Er schreibt: καὶ διὰ τοῦτον τὸν Εὐριπίδην διασύρει· οὖτος γὰρ εἰσάγει τοὺς χόρους οὐ τὰ ἀκόλουθα φθεγγομένους τῇ ὑποθέσει ἀλλ᾽ ἱστορίας τινὰς ἀπαγγέλλοντας, οἵ τε ἐμπαθῶς ἀντιλαμβανομένους τὸν ἀδικηθέντων, ἀλλὰ μεταξὺ ἀναπίπτοντας.

wird, während dessen sie ein schreckliches Traumgesicht hat. „Sie erwacht und hält eine pathetische Anrede an die Nacht, die ihr die Erscheinung gesandt hat und befiehlt den Dienerinnen, die bei einer Frau in den geschilderten Verhältnissen sehr auffallend sind, Licht anzuzünden und Wasser zu wärmen, damit sie sich von der Befleckung des Traumbildes reinige. Mittlerweile aber hat ihre Nachbarin Glyke im Dunkel der Nacht ihren Hahn gestohlen. Daher werden die Nymphen der Berge, die Sklavin Mania, die Kreter sammt ihren Bogen, Artemis und Hekate herbeigerufen, um — der Glyke den Hahn abzujagen."[1] Schon durch diese blosse Wiedergabe des Inhaltes der Monodie springt als Hauptfehler derselben sofort der in die Augen, dass hier ein ganz niedriger und trivialer, einer Tragödie durchaus unwürdiger Stoff in ganz ungebührlicher Weise aufgestutzt ist zu einer Art von Weltereigniss. Dieses Missverhältniss zwischen Stoff und sprachlicher Darstellung tritt natürlich in der Monodie selbst noch viel deutlicher hervor, wenn man nur die darin angebrachten Götterbeschwörungen bedenkt und die Anhäufung von rhetorischen Figuren wie z. B. Oxymoron und Schetliasmus, deren Euripides in der That sich unverhältnissmässig häufig bedient hat. Diesem Missverhältniss zwischen Stoff und sprachlicher Darstellung entspricht aber auch — und hierin liegt der andere Hauptfehler der Euripideischen Monodien — die Unangemessenheit der metrischen Darstellung, indem die Freiheiten, welche sich Euripides in dieser Hinsicht thatsächlich genommen hat, hier getreu konterfeit werden in einem bunten Gemisch aller nur denkbaren Metern. Da stehen dactylische und jambische, trochäische und kretische, glykonische und pherokratische Metren friedlich nebeneinander.

Mit dieser Kritik des dritten quantitativen Theils schliesst, da von Episodien und Exodos nicht die Rede ist, die Kritik der quantitativen Theile und der eigentliche Kunststreit überhaupt ab. Aeschylus nämlich ist des ganzen von ihm nur widerwillig unternommenen und des wahren Dichters unwürdigen Streites herzlich satt und schlägt desshalb, um die Sache kurz zu machen, ein Mittel vor, welches wohl geeignet ist, eine ganz evidente auch für das blödeste Auge ersichtliche Entscheidung des Kampfes herbeizuführen. Beide Dichter gehen nämlich — das ist die urkomische Erfindung des Aristophanes, ein treffliches Beispiel von jenem Kunstmittel des Komikers, rein geistige Dinge sinnlich darzustellen — beide Dichter gehen auf Vorschlag des Aeschylus zu einer Wage, welche den Ausschlag geben soll über ihre Poesie, indem sie das Gewicht der Worte zeigt. Jeder Dichter nimmt eine Wagschale der Kunstwage in die Hand und spricht einen Vers hinein, auf das von Dionysos gegebene Signal „Kukuk" lassen beide ihre Wagschalen gleichzeitig los und da zeigt sich denn dreimal hintereinander, dass die Wagschale des Aeschylus tief herabsinkt, die Poesie des Euripides also dreimal zu leicht befunden wird. So ist denn jedem Zuschauer auf das Ueberzeugendste, ja Handgreiflichste klar gemacht, dass sich die Euripideische Poesie mit der des Aeschylus an dichterischem Werth nicht messen kann. Wir sagen ausdrücklich „an dichterischem Werth", denn wir glauben nicht, dass Aristophanes wie Kock[2] wenigstens anzudeuten scheint, durch das Mittel der Kunstwage nur über das Gewicht der Worte, die gravitas verborum, beider Dichter entscheiden wollte, sondern über das Gewicht, d. h. den Werth ihrer ganzen Poesie. Dafür scheint uns vor Allem die Stellung jener demonstratio ad oculos im Zusammenhang des ganzen Kunststreites zu sprechen, denn sie ist an den Schluss desselben gewiss nicht unabsichtlich gestellt, gleichsam um die Summe vom Ganzen zu ziehen in einer für Jeden

[1] Kock a. a. O. zu v. 1330 ff.
[2] a. a. O. zu v. 1365.

fasslichen und ganz unzweideutigen Form; sollte sich jene Abwägung dagegen nur auf die gravitas verborum beziehen, so würde sie doch besser an anderen Stellen angebracht gewesen sein, wo ohnehin der sprachliche Ausdruck angegriffen wurde. Zudem sagt auch Aeschylus bei seiner Aufforderung an die Wage zu gehen, dass diese allein den Ausschlag über die Poesie geben müsse ὅπερ ἐξελέγξει τὴν ποίησιν νῶν μόνων und fügt dann erst hinzu, dass sie nämlich das Gewicht der Worte zeigen werde τὸ γὰρ βάρος νῶ βασανιεῖ τῶν ῥημάτων denn in Worten wird das Gewichtige des Inhalts zur Erscheinung gebracht. Und auch der Aristophanische Aeschylus scheint sich nicht nur als Sieger über Euripides hinsichtlich der gravitas verborum zu betrachten, denn er sagt schliesslich dem Euripides, er solle nicht mehr Vers um Vers streiten, sondern nur selbst mit Weib und Kind und Kephisophon in seine Wagschale steigen, auch seine ganze Bibliothek dürfe er noch mit hineinpacken — Alles das würde aufgewogen werden durch zwei Verse, gesprochen von Aeschylus.

So wird der eigentliche Kunststreit in ächt komischer Weise zu Ende geführt und damit der Grundgedanke desselben, dass Euripides durch unkünstlerisches Verfahren von der Höhe der Aeschyleischen Dichtung herabgesunken sei, nochmals recht drastisch vor Augen geführt. Wenn nun auch schon bei den einzelnen Abschnitten des Kunststreites, wie wir auch im Einzelnen hervorzuheben schon bemüht waren, von diesem künstlerischen Fehler des Euripides die praktische Anwendung gemacht war, indem das Gefährliche seiner Kunstrichtung für das staatliche Leben betont wurde, so hat doch Aristophanes es für nothwendig erachtet, seiner Darstellung des eigentlichen Kunststreites noch folgen zu lassen ein

3. Nachwort, welches die Bedeutung der Euripideischen Poesie für das staatliche Leben noch ganz besonders beleuchten soll. v. 1411—1481. Dionysos mag nämlich immer noch nicht entscheiden, welcher von beiden Dichtern für Berathung des Staatswohles der geeignetere ist und unterwirft sie desshalb nochmals einer mehr politischen Prüfung, um ihre Ansichten zu hören, erstens über den Mann, welcher dem Staat am meisten Sorge mache, nämlich über Alcibiades, und zweitens über die Mittel, durch welche dem Staat zu helfen sei. Auf beide Fragen antwortet natürlich Euripides in seiner vorlauten Weise zuerst, aber mit so leeren, scharfsinnig sein sollenden Worten, dass Dionysos ihn nicht einmal recht verstehen kann. Die Rathschläge des Aeschylus dagegen — von denen indess der zweite nicht erhalten ist, denn der als solcher überlieferte ist ganz in Euripideischer Manier gehalten — scheint dem Dionysos so gewichtig, so heilbringend für den Staat, dass er, seinem ursprünglichen Vorhaben zuwider, sich dennoch entschliesst, den Aeschylus mit auf die Oberwelt zu nehmen. Euripides aber, der nun schon so hart mitgenommene, wird vollständig vernichtet, indem Dionysos auf alle seine Klagen und Appellationen ihm mit Reminiscenzen aus des Euripides eigensten Werken trefflich zu dienen weiss. Wenn Euripides ihn ermahnt, der Götter zu gedenken, bei denen er geschworen habe ihn mitzunehmen, so erwidert Dionysos „die Zunge schwur's, [1]) doch ich wähle mir Aeschylus:" wenn Euripides ihm vorhält, er habe die schnödeste That gethan, so schlägt ihn Dionysos mit den Worten „Was ist denn schnöde, wenn's dem Publikum nicht so scheint?" [2]) Und wenn Euripides aufbraust, dass Dionysos es wage, selbst ihn den Gestorbenen zu schmähen, so wird er abgeführt mit den Worten „Wer weiss ob Leben nicht in Wahrheit Sterben ist." [3]) So muss der vielgeschmähte Dichter zum

[1]) „Hippol." v. 612.
[2]) „Aol." τί δ᾽ αἰσχρόν, ἢν μὴ τοῖσι χρωμένοις δοκῇ
[3]) „Polyidos" Fragm. T. τίς δ᾽ οἶδεν εἰ τὸ ζῆν μέν ἐστι κατθανεῖν, τὸ κατθανεῖν δὲ ζῆν κάτω νομίζεται.

Schluss an sich selbst auf das Empfindlichste fühlen, wohin man kommt, bei Anwendung der von ihm selbst ersonnenen sophistischen Kunststückchen und Kniffe. Wirkungsvoller aber konnte Aristophanes nicht wohl seinen durch den ganzen Kunststreit sich durchziehenden Grundgedanken von dem unkünstlerischen und unwürdigen Verfahren des Euripides in das Praktische übersetzen, als dass er den Dichter, den er für das Staatswohl als unbrauchbar hinstellt, auch noch mit dessen eigenen Künsten vernichtet.

II. Urtheil des Aristoteles. [1]

Am Verbreitetsten ist, was das Aristotelische Urtheil über Euripides betrifft, die Ansicht, Aristoteles habe den Euripides für den besten Tragiker erklärt und ihn demnach selbst Sophokles vorgezogen. Diese Ansicht, welche, wie wir nachzuweisen versuchen wollen auf der einseitigen Auffassung einer Stelle der Poetik, 1453a, 24—31 (13, 9 und 10) beruht, hat schon [2] im vorigen Jahrhundert einen sehr gewichtigen Vertreter in Lessing gefunden, der in der Hamburgischen Dramaturgie (Stück 49) uns zunächst das Aristotelische Urtheil über Euripides in seiner Auffassung vorführt, dann die hohe Bedeutung hervorhebt, welche der Umgang mit Sokrates auf Euripides ausgeübt habe, und darauf fortfährt: „Aber den Menschen und uns selbst kennen, auf unsere Empfindungen aufmerksam sein, in Allem die ebensten und kürzesten Wege der Natur ausforschen und lieben, jedes Ding nach seiner Absicht beurtheilen, das ist es . . . was Euripides von dem Sokrates lernte und was ihn zu dem ersten in seiner Kunst machte." Aus diesen Worten scheint nicht nur hervorzugehen, dass Lessing in Aristoteles einen sehr günstigen Beurtheiler des Euripides sah, sondern dass er sich auch selbst diesem vermeintlich so günstigen Urtheil anschloss. Wenn wir nun auch, ganz abgesehen von den anderweitigen eminenten Verdiensten Lessings, ihm schon desshalb zu grossem Danke verpflichtet sind, weil er ein ganz neues und gesundes Studium der Aristotelischen Poetik angebahnt hat, so glauben wir dennoch seiner Auffassung des Aristotelischen Urtheils über Euripides nicht beitreten zu dürfen.

Uebrigens haben nach Lessing, bis in die allerneueste Zeit, zahlreiche Gelehrte dieselbe oder doch eine der Lessing'schen Auffassung sehr nahe kommende Ansicht über das Aristotelische Urtheil ausgesprochen, allerdings ohne, wie das Lessing gethan hat, jene vermeintliche Ansicht des Aristoteles auch zu ihrer eigenen zu machen. Zu diesen Gelehrten zählt in erster Linie Welcker, welcher [3] schreibt: Diese neueste Tragödie ist ihm (sc. dem Aristoteles) der Kunst nach die schönste, und Euripides, dessen Composition sonst nicht zu loben, weil seine Tragödien jene Wendung nehmen (sc. vom Glück zum Unglück) gilt ihm als der tragischste unter den Tragödiendichtern." [4] Aehnlich fasst Eduard Müller das Aristotelische Urtheil auf wenn er [5] schreibt: „Grosses Lob verdiene (sc. nach der Meinung des Aristoteles) Euripides, in

---

[1] Im Wesentlichen von uns schon dargestellt. Jahn's Jahrb. CIX. 1474, S. 97—108 „Aristoteles als Kritiker des Euripides."

[2] Ganz abgesehen von noch früheren Zeiten, wo z. B. Dorotheus Camillus sein Werk geradezu betitelte: „Euripidis tragicorum omnium principis etc. tragoediae latine nunc denuo editae" (Bern 1550.)

[3] Aeschyleische Tril gie Prometheus, S. 530.

[4] Diese Ansicht sprach Welcker aus im Jahre 1824, während er in seiner Uebersetzung von Aristophanes „Fröschen," S. 261, im Jahre 1812 noch anderer Ansicht gewesen war.

[5] a. a. O. II. S. 140.

dessen Tragödien sich meist ein unglücklicher Ausgang finde, wesshalb auch kein Dichter in höherem Grade tragisch sei als er." Derselben Auffassung scheint auch Bernhardy[1]) gefolgt zu sein, indem er den Worten Schillers (Briefwechsel mit Goethe IV. 97) „Uns fehlt grösstentheils die ganze Basis seines (sc. des Aristoteles) Urtheils" Folgendes hinzufügt: „Diese Basis ist aber unzweifelhaft Euripides oder die pathologische Tragödie, von welcher Aristoteles, wie dem Geschmack und Standpunkt seiner Zeit gemäss war, ausging; begreiflich hat er aus ihrem Schematismus das Mehr der Regeln entnommen." Noch klarer spricht sich Bernhardy späterhin[2]) aus, wenn er schreibt: „Früher schon hatte Aristoteles in ihnen (sc. der Tragödien des Euripides) die besten Normen für den Bühnenkünstler gefunden und sie zum Grunde gelegt, als er die Gesetze der tragischen Dramaturgie in eine Theorie brachte." Dieselbe Ansicht theilen noch zahlreich andere Gelehrte, wie z. B. Hartung,[3]) und Wolter.[4])

Alle diese und andere ähnliche Aussprüche scheinen nun bei genauerer Prüfung der einschlägigen Stellen der Poetik des Aristoteles nur sehr theilweise begründet zu sein, indem, wie schon Susemihl,[5]) dessen Ausführung wir in dem Folgenden auch mitbenutzen werden, angedeutet hat, die Stelle der Poetik. 1453a. 24—31 (13,9 und 10) nur ganz einseitig, alle übrigen Stellen aber, welche von Euripides handeln, fast gar nicht zur Betrachtung herangezogen wurden. Demnach werden wir uns zuerst mit der Frage zu beschäftigen haben: Was hat Aristoteles an der bezeichneten Stelle in der Poetik wirklich über Euripides geurtheilt, hat er ihn etwa wirklich als den grössten Tragiker bezeichnet? Und dann werden wir zweitens alle übrigen Stellen der Poetik zur Betrachtung heranziehen müssen, welche zur Beleuchtung des Aristotelischen Urtheils etwas beizutragen vermögen und dadurch zeigen, dass Euripides sogar ausdrücklich von Aristoteles getadelt wird.

A. Euripides, angeblich als der grösste Tragiker bezeichnet.

Jene so oft citirte Stelle der Poetik, auf welche die von uns zu bekämpfende Ansicht sich gründet, lautet: διὸ καὶ οἱ Εὐριπίδῃ ἐγκαλοῦντες τὸ αὐτὸ ἁμαρτάνουσιν, ὅτι τοῦτο δρᾷ ἐν ταῖς τραγῳδίαις καὶ πολλαὶ αὐτοῦ εἰς δυστυχίαν τελευτῶσιν· ἐπὶ γὰρ τῶν σκηνῶν καὶ τῶν ἀγώνων τραγικώταται αἱ τοιαῦται φαίνονται, ἂν κατορθωθῶσιν, καὶ ὁ Εὐριπίδης εἰ καὶ τὰ ἄλλα μὴ εὖ οἰκονομεῖ, ἀλλὰ τραγικώτατός γε τῶν ποιητῶν φαίνεται. Es finden sich also in dieser Stelle allerdings die nur zu oft und zu stark hervorgehobenen Wort καὶ ὁ Εὐριπίδης ... τραγικώτατός γε τῶν ποιητῶν φαίνεται „und Euripides erscheint als der tragischste von den Dichtern." Um aber den Sinn und die Bedeutung dieser Worte richtig zu erfassen, ist es zunächst nothwendig die Bedeutung des Begriffes „tragisch" in der Aristotelischen Poetik zu ermitteln und zu diesem Zweck die fünf in der Poetik vorhandenen Stellen zu betrachten, an denen derselbe sich entweder selbst findet, oder die doch zur Erklärung desselben wesentlich beitragen. Zwei von diesen Stellen, an welchen nur von der „tragischen" Darstellung im Gegensatz zur „epischen" die Rede ist, 1461b, 27 (26,1) und 1462a, 2 (26,5), bedürfen keiner weiteren Betrachtung, da der Begriff des Tragischen durch sie nicht erklärt wird. Dagegen findet sich eine ziemlich genaue und präcise Erklärung dieses Begriffes 1452b, 39 (13,3) wo das Gegentheil

---

[1]) Grundriss der griech. Lit. II² 2, S. 188.
[2]) a. a. O. S. 356.
[3]) a. a. O. I S. 503;
[4]) a. a. O. S. 5.
[5]) Aristoteles, über die Dichtkunst, S. 27 ff. 2. Aufl. 1874.

von τραγικώτατον nämlich das ἀτραγῳδότατον folgendermassen erklärt wird: οὐδὲν ἔχει ὧν δεῖ· οὔτε γὰρ φιλάνθρωπον οὔτε ἐλεεινὸν οὔτε φοβερόν ἐστιν· Drei Eigenschaften sind also von derjenigen Darstellung zu verlangen, welche tragisch wirken soll: Sie muss Furcht und Mitleid erregen, dabei aber auch unser Gerechtigkeitsgefühl befriedigen. [1] Diese Erklärung vom Begriff des Tragischen erleidet durch die vierte hier in Betracht zu ziehende Stelle 1453b,38 ff. (14,16) wohl kaum eine Einbusse, denn dort heisst es: τούτων δὲ τὸ μὲν γινώσκοντα μελλῆσαι καὶ μὴ πρᾶξαι χείριστον. τό τε γὰρ μιαρὸν ἔχει καὶ οὐ τραγικόν, ἀπαθὲς γάρ· Es wird also hier nur eine Handlungsweise bezeichnet, bei welcher ein „tragisches Pathos" nicht entstehen kann, ohne ein solches „Pathos" aber kann wiederum weder von Furcht und Mitleid noch von tragischem Gerechtigkeitsgefühl die Rede sein, diese Stelle verändert demnach die oben gegebene Begriffsbestimmung des Tragischen nicht, statuirt vielmehr nur eine Bedingung, ohne die der Begriff des Tragischen nicht denkbar ist. Die fünfte hier zu beachtende Stelle findet sich 1456a, 19 ff., 18,18) und heisst: ἐν δὲ ταῖς περιπετείαις καὶ ἐν τοῖς ἁπλοῖς πράγμασι, στοχάζονται ὧν βούλονται θαυμαστῶς, τραγικὸν γὰρ τοῦτο καὶ φιλάνθρωπον· ἔστι δὲ τοῦτο, ὅταν ὁ σοφὸς μὲν ⟨ὢν⟩ μετὰ πονηρίας ⟨δὲ⟩ ἐξαπατηθῇ, ὥσπερ Σίσυφος, καὶ ὁ ἀνδρεῖος μὲν ἄδικος δὲ ἡττηθῇ. Auch durch diese Stelle, bei welcher übrigens des Sinnes wegen die Worte τραγικὸν γὰρ τοῦτο καὶ φιλάνθρωπον [2] wohl zum darauf Folgenden zu beziehen sind, scheint mir die oben gegebene Begriffsbestimmung des Tragischen nicht verletzt zu werden, denn die ausdrückliche Beifügung des φιλάνθρωπον zu dem diesen Begriff eigentlich schon mitumfassenden τραγικὸν erklärt sich aus der hier beabsichtigten besonderen Betonung des φιλάνθρωπον. Sonach bleibt die oben aufgestellte Erklärung vom Begriff des Tragischen bestehen, und ein Dichter muss nach Aristoteles tragisch genannt werden, wenn er es versteht, Furcht und Mitleid zu erregen und dabei unser Gerechtigkeitsgefühl zu befriedigen. Diese Kunst aber wird mit den Worten καὶ ὁ Εὐριπίδης ... τραγικώτατός γε τῶν ποιητῶν φαίνεται dem Euripides scheinbar in sehr hohem Grade zugesprochen. Unsere Aufgabe ist es daher genauer zu untersuchen, ob denn Euripides wirklich so ganz unbedingt und ohne jegliche Einschränkung als der tragischste Dichter von Aristoteles bezeichnet wird, oder ob jenes Urtheil nur als ein relatives, ein bedingungsweise abgegebenes aufgefasst werden darf.

Zur Lösung dieser Frage bemerkt Susemihl, [3] dass der Ausdruck „tragisch" an jener Stelle nicht in seinem vollen Umfange gebraucht sei, sondern nur um ein wesentliches Moment desselben zu bezeichnen; sodann, fährt Susemihl fort, komme es nach Aristoteles nicht bloss darauf an, durch die Tragödie Furcht und Mitleid zu erregen, sondern sie so zu erregen, dass dadurch zugleich eine „Reinigung" dieser beiden Affecte erzielt werde (vgl. die Definition der Tragödie 1449b, 24 (6,21); nur von Ersterem aber spreche Aristoteles im 13. Kapitel der Poetik, die Auseinandersetzung des Letzteren habe überhaupt erst nach dem 14. Kapitel begonnen. Dass also dem Euripides auch nur auf der Bühne das Letztere am Besten gelinge, liege nicht im Mindesten in den Worten. So wahrscheinlich uns nun auch die hier wiedergegebenen Vermuthungen Susemihls an und für sich sind, so glauben wir dieselben, zumal die doch immerhin noch heikle Frage von der κάθαρσις auch hereinspielt, womit dann andererseits das in der Definition der Tragödie fehlende φιλάνθρωπον in Collision kommt, [4] doch nicht gerade als Beweismaterial ver-

---

[1] Vgl. Susemihl. a. a. O., Anm. 121.
[2] Vgl. Susemihl u. a. O. zu 18, 18 und 19.
[3] a. a. O. S. 29.
[4] Oder sollte das φιλάνθρωπον in einer gewissen Beziehung stehen zu den Vorgängen bei der κάθαρσις?

wenden zu sollen, wollen uns vielmehr im Wesentlichen nur an das von Aristoteles ausdrücklich Gesagte halten, was übrigens auch bei Susemihl wohl berücksichtigt ist.

In dieser Rücksicht muss zuerst hervorgehoben werden, dass Aristoteles nicht so schlank weg, ohne jeden weiteren Vorbehalt sagt: *ὁ Εὐριπίδης τραγικώτατός γε τῶν ποιητῶν φαίνεται* sondern vorsichtig die Worte vorhergeschickt hat: *ἐπὶ γὰρ τῶν σκηνῶν καὶ τῶν ἀγώνων τραγικώταται αἱ τοιαῦται (sc. αἱ εἰς δυστυχίαν τελευτῶσιν) ἂν κατορθωθῶσιν.* Aristoteles schreibt demnach den meisten Stücken des Euripides die tragische Wirkung nicht unbedingt zu, sondern nur unter dem Vorbehalt einer guten scenischen Aufführung;[1] dass aber eine Tragödie von so bedingter Wirkung nach der Ansicht des Aristoteles noch nicht eine vollendete ist, wie von einer solchen vielmehr gerade im Gegensatz zu jener Gattung zu verlangen ist, dass sie die tragische Wirkung schon beim blossen Lesen oder, wenn sie uns vorgelesen wird, beim Anhören auszuüben vermag, geht aus den beiden folgenden Stellen doch wohl untrüglich hervor: 1450b, 18 ff. (6,28) *ἡ δὲ ὄψις ψυχαγωγικὸν μέν, ἀτεχνότατον δὲ καὶ ἥκιστα οἰκεῖον τῆς ποιητικῆς· [ὡς] ⟨ἡ⟩ γὰρ τῆς τραγῳδίας δύναμις καὶ ἄνευ ἀγῶνος καὶ ὑποκριτῶν ἐστιν, ἔτι δὲ κυριωτέρα περὶ τὴν ἀπεργασίαν τῶν ὄψεων ἡ τοῦ σκευοποιοῦ τέχνη, τῆς τῶν ποιητῶν ἐστιν* und fast noch deutlicher aus 1453b, 4 (14,2) *δεῖ γὰρ καὶ ἄνευ τοῦ ὁρᾶν, οὕτω συνεστάναι τὸν μῦθον ὥστε τὸν ἀκούοντα τὰ πράγματα γινόμενα καὶ φρίττειν καὶ ἐλεεῖν ἐκ τῶν συμβαινόντων· ἅπερ ἂν πάθοι τις ἀκούων τὸν τοῦ Οἰδίπου μῦθον.* Also *ἐκ τῶν συμβαινόντων* aus dem "Vorgange" selbst muss das *φρίττειν* und *ἐλεεῖν* "Schauer und Mitleid" bewirkt werden, aber nicht etwa aus der *ὄψις* "dem Theatralischen". Gewiss ein nicht unwichtiges Argument dafür, dass Aristoteles durch den Zusatz *ἂν κατορθωθῶσιν* "wenn die Stücke gut aufgeführt werden", das Lob des Euripides nicht ohne Absicht hat einschränken wollen.

Zur weiteren Beurtheilung des wahren Werthes von *ὁ Εὐριπίδης τραγικώτατός γε τῶν ποιητῶν φαίνεται* müssen wir den Anfang jener Stelle mit in Betracht ziehen, wo es heisst: *διὸ καὶ οἱ Εὐριπίδῃ ἐγκαλοῦντες τὸ αὐτὸ ἁμαρτάνουσιν, ὅτι τοῦτο* (sc. dass er Männer vorführt, welche Furchtbares erlitten und auch selbst vollführt haben) *δρᾷ ἐν ταῖς τραγῳδίαις καὶ πολλαὶ αὐτοῦ εἰς δυστυχίας τελευτῶσιν· τοῦτο γάρ ἐστιν, ὥσπερ εἴρηται, ὀρθόν.* Dass in diesen Worten ein Lob des Euripides liegt wegen des unglücklichen Ausgangs seiner Tragödien kann allerdings kaum geläugnet werden; aber es fragt sich nur: Wem gegenüber wird denn Euripides hier gelobt, vor wem wird ihm ein Vorzug zuerkannt? Vor Sophokles, wie viele Gelehrte theils stillschweigend, theils unter besonderer Erörterung annehmen, ganz gewiss nicht; denn wenn man, um nur das Allernächstliegende zu thun, die vorhandenen Stücke des Sophokles und Euripides rücksichtlich ihres Ausgangs miteinander vergleicht und von den neunzehn vorhandenen Stücken des Euripides den "Rhesos", als von zweifelhafter Aechtheit, den "Kyklops" als Satyrdrama, die "Alkestis" als stellvertretend für ein Satyrdrama ausscheidet, so bleiben unter den noch übrigen sechzehn Stücken wenigstens immer noch fünf mit versöhnendem, jedenfalls nicht unglücklichem Ausgang, nämlich "Orestes", "Andromache", "Iphigenia auf Tauris", "Helene", "Jon." Von den sieben erhaltenen Stücken des Sophokles dagegen können doch höchstens zwei, nämlich "Philoktetes" und "Oedipus auf Kolonos", als Stücke mit glücklichem Ausgang bezeichnet werden, während noch fünf mit unglücklichem Ausgang übrig bleiben, ein Resultat, wonach Sophokles hierin nicht hinter Euripides zurücksteht.[2] Wenn wir nun auch gerne zugestehen, dass eine solche Berechnung

---

[1] Vgl. Susemihl a. a. O. S. 28.

[2] In Procenten ausgedrückt, finden sich demnach bei Euripides 31%, bei Sophokles nur 28% mit glücklichem Ausgang.

bei dem geringen Bruchtheil der uns erhaltenen und in die Berechnung einbezogenen Stücke beider Tragiker keinen evidenten Beweis liefern kann, so scheint es doch, bei der Misslichkeit und der für uns zu grossen Weitläufigkeit solcher Untersuchungen, nicht geboten, an dieser Stelle auch die verlorenen Stücke beider Dichter zu berücksichtigen; dagegen wollen wir es auf andere Weise wahrscheinlich zu machen suchen, dass Aristoteles mit jenen Worten an eine Vergleichung zwischen Euripides und Sophokles zu Ungunsten des Letzteren nicht gedacht hat.

Wem aber wollte Aristoteles den Euripides gegenüberstellen, da er ihn als Verfasser von Tragödien mit unglücklichem Ausgang lobte, und wem wollte er etwa als Verächtern dieser Gattung von Tragödien einen Vorwurf machen? Diese Frage scheint uns mit grosser Wahrscheinlichkeit schon Ch. Kron beantwortet zu haben, wenn er [1]) schreibt: „Quinam illi sint, Aristoteles non diserte quidem indicat, sed ex eis, quae continuo locum a nobis propositum sequuntur, coniectura probabili perspici posse mihi persuadeo. Eosdem enim, qui hanc quam Aristoteles maxime probat fabularum compositionem reprehendunt, aliam quandam praetulisse necesse est, et quidem eam cui Aristoteles secundas defert, quae videlicet duplicem habet rerum conversionem." Aristoteles schliesst nämlich an die von uns besprochene Stelle unmittelbar die Worte an: δευτέρα δ' ἡ πρώτη λεγομένη ὑπό τινων ἐστὶ σύστασις [ἤ,] ⟨ἡ⟩ διπλῆν τε' τὴν [σύστασιν] ⟨μετάβασιν⟩ ἔχουσα καθάπερ ἡ Ὀδύσσεια καὶ τελευτῶσα ἐξ ἐναντίας τοῖς βελτίοσι καὶ χείροσιν. Aristoteles spricht also hier von Dichtungen mit zwiefältigem Ausgang, die entgegengesetztenden für die Besseren und Schlechteren, wie z. B. die Odysse, und räumte solchen Dichtungen erst die zweite Stelle ein, während er diejenigen mit unglücklichem Ausgang für die vorzüglichsten erklärt; doch bemerkt er gleichzeitig, jene Dichtungen mit zwiefältigem Ausgang schienen Anderen die besten zu sein, für welche Beurtheilungsweise er als Grund angiebt die Rücksichtnahme auf die Schwäche des Theaterpublikums, indem er fortfährt: δοκεῖ δὲ εἶναι πρώτη διὰ τὴν τῶν [θεάτρων] ⟨θεατῶν⟩ ἀσθένειαν· ἀκολουθοῦσι γὰρ οἱ ποιηταὶ κατ' εὐχὴν ποιοῦντες τοῖς θεαταῖς. Sonach scheint es uns nicht unwahrscheinlich, dass Aristoteles das ganze Lob des Euripides nicht etwa dem Sophokles gegenüber, sondern nur im Vergleich mit der von uns charakterisirten Klasse von jüngeren Dichtern hat aussprechen wollen, welche allerdings dem Euripides bedeutend mögen nachgestanden haben. Dass Euripides aber mit den jüngeren Dichtern verglichen wird, ist schon an und für sich desshalb nicht unwahrscheinlich, weil Euripides, wenn er auch noch zu den älteren Dichtern [2]) gerechnet werden kann, doch von diesen jedenfalls derjenige war, welcher vermöge seines ganzen Kunstcharakters den jüngeren Dichtern am Nächsten stand und desshalb auch am meisten von diesen studirt wurde.

Bis hierher haben wir nachzuweisen versucht, dass Euripides, wenn er auch der tragischste von den Dichtern genannt wird, dennoch nicht ein unbeschränktes Lob von Aristoteles erhalten hat, indem seine Stücke erstens, wie Aristoteles ausdrücklich hinzufügt, einer guten Aufführung bedürfen um die tragische Wirkung hervorzubringen, während eine wahre Tragödie diese Wirkung schon beim blossen Lesen erreichen muss; zweitens aber glaubten wir eine Einschränkung jenes Lobes darin finden zu müssen, dass es dem Euripides nicht etwa im Vergleich mit Sophokles, sondern höchst wahrscheinlich nur im Vergleich mit jüngeren Tragikern ertheilt wird.

---

[1]) „De loco poetices Aristotelece quo Euripides poetarum maxime tragicus dicitur", Erlanger Programm v. 1845; S. 8 f.

[2]) Uebrigens scheint in der Ausdrucksweise des Aristoteles 1453b 27 ff. (14, 12) οἱ παλαιοί . . . καθάπερ καὶ Εὐριπίδης zu liegen, dass er den Euripides nicht unbedingt zu den alten Dichtern rechnete.

5

B. Euripides ausdrücklich getadelt.

Zu den bisher erörterten Einschränkungen bei der Belobung des Euripides tritt aber an jener unserer Betrachtung zu Grunde liegenden Stelle noch ein ganz positiver Tadel hinzu, indem Aristoteles dem Euripides vorwirft, dass er im Uebrigen mit dem tragischen Haushalt keineswegs löblich umgehe, εἰ καὶ τὰ ἄλλα μὴ εὖ οἰκονομεῖ. Dass aber die Bedeutung dieses Tadels nicht etwa eine nur ganz geringe, dass vielmehr die richtige Handhabung der tragischen Oeconomie oder des tragischen Haushaltes nach der Ansicht des Aristoteles von sehr grosser Bedeutung für den Tragiker ist, lehrt schon die verhältnissmässig grosse Ausführlichkeit, mit welcher in der Poetik die Lehre vom tragischen Haushalt vorgeführt wird. Wir werden desshalb auch am Besten thun, wenn wir die Bedeutung und Begründung jenes über Euripides ausgesprochenen Tadels an der Hand der Poetik selbst darzulegen versuchen.

Unter dem tragischen Haushalt eines Tragikers ist dasselbe zu verstehen, was die Kunsttheorie als qualitative und quantitative Theile der Tragödie bezeichnet. Qualitative Theile — die Aristoteles vorzugsweise behandelt und auf die wir auch demgemäss besonders eingehen — unterscheidet Aristoteles 1450 a 9f. (6, 9), wie schon oben angedeutet sechs, nämlich: tragische Fabel, Charakterschilderung, Reflexion, Theatralisches, sprachlichen Ausdruck und musikalische Composition. Von diesen sechs qualitativen Theilen sind, wie gleichfalls schon angedeutet, nach Aristoteles 1450a. 38 (6, 20) die beiden ersten, also Fabel und Charakterschilderung, von der hervorragendsten Bedeutung und werden desshalb in der Poetik auch am Ausführlichsten behandelt. Bei dieser eingehenderen Behandlung der beiden wichtigsten qualitativen Theile führt nun Aristoteles zur Erläuterung seiner Ansichten häufig Beispiele aus den Tragödien des Sophokles und Euripides in der Weise an, dass das Verfahren beider Dichter in jedem einzelnen Falle dabei beurtheilt wird und uns sich dadurch Gelegenheit bietet, das Aristotelische Urtheil über Euripides in zahlreichen einzelnen Fällen kennen zu lernen.

Verfolgen wir zunächst die Auseinandersetzungen des Aristoteles über die tragische Fabel, so finden wir hierin vier Stellen, an welchem Euripides in nicht unwesentlichen Punkten getadelt wird, und zwar dreimal im Vergleich mit Sophokles, dessen Verfahren in den betreffenden Fällen jedesmal dem von Euripides befolgten vorgezogen wird.

Zunächst wird das Verfahren beider Tragiker verglichen im vierzehnten Kapitel der Poetik, welches handelt von den Mitteln und Stoffen, welche zur Erregung von Furcht und Mitleid ganz besonders geeignet seien, und für solche erklärt dann Aristoteles diejenigen, wobei Jemand eine That vollbringt, ohne das Furchtbare derselben zu erkennen und erst nachträglich deren furchtbare Bedeutung einsicht. Dies ist nach der Ansicht des Aristoteles im „Oedipus“ des Sophokles der Fall, während die „Medea“ des Euripides mit dem vollen Bewusstsein von der Furchtbarkeit ihrer That die eigenen Kinder tödtet, 1453b, 27 (14, 11 u. 13), ἔστι μὲν γὰρ οὕτω γίνεσθαι τὴν πρᾶξιν ὥσπερ οἱ παλαιοὶ ἐποίουν εἰδότας καὶ γινώσκοντας, καθάπερ καὶ Εὐριπίδης ἐποίησεν ἀποκτείνουσαν τοὺς παῖδας τὴν Μήδειαν · ἔστι δὲ πρᾶξαι μέν, ἀγνοοῦντας δὲ πρᾶξαι τὸ δεινόν, εἶθ' ὕστερον ἀναγνωρίσαι τὴν φιλίαν, ὥσπερ ὁ Σοφοκλέους Οἰδίπους. Dass aber in diesem Falle das Verfahren des Sophokles von Aristoteles demjenigen des Euripides vorgezogen wird, zeigt 1454a, 2f. (14, 18), βέλτιον δὲ τὸ ἀγνοοῦντα μὲν πρᾶξαι, πράξαντα δὲ ἀναγνωρίσαι · τό τε γὰρ μιαρὸν οὐ πρόσεστι, καὶ ἡ ἀναγνώρισις ἐκπληκτικόν[1])

---

[1]) Dass übrigens Euripides nicht immer in diesen Fehler verfallen ist, lehrt 1454a, 4 (14, 19).

Der zweite Punkt, in welchem Euripides auf dem Gebiet der tragischen Fabel gefehlt hat, betrifft die in den Tragödien sehr gewöhnlichen Fälle, von Wiedererkennung v n Personen (*ἀναγνώρισις*). Diese darf nämlich, wie Aristoteles auseinandersetzt, nicht etwa durch am Dichter willkürlich ersonnene, rein äusserlich herbeigezogene Mittel herbeigeführt werden, sondern sie muss durch den naturgemässen Gang der Handlung selbst motivirt sein, eine Anforderung, welcher Euripides in der „Taurischen Iphigenie" nur zum Theil gerecht geworden ist, indem er zwar die Wiedererkennung der Iphigenie durch Orestes ganz im Geiste der Fabel des Stücks durch den Brief herbeiführen lässt, welchen jene dem Orestes zur Bestellung an ihren Bruder übergiebt, dagegen den Orestes zu seiner Legitimation beliebige Dinge sagen lässt, welche im Gange der Fabel keineswegs begründet sind. Aristoteles schreibt nämlich 1454b, 31ff. (16, 6): *δεύτεραι δὲ αἱ πεποιημέναι ὑπὸ τοῦ ποιητοῦ, διὸ ἄτεχνοι. οἷον Ὀρέστης ἐν τῇ Ἰφιγενείᾳ ἀνεγνώρισεν ὅτι Ὀρέστης· ἐκείνη μὲν γὰρ διὰ τῆς ἐπιστολῆς, ἐκεῖνος δὲ αὐτὸς λέγει ἃ βούλεται ὁ ποιητής, ἀλλ' οὐχ ὁ μῦθος.*[1]) Dagegen wird als die vorzüglichste Art der Wiedererkennung diejenige bezeichnet, welche, wie z. B. im „Oedipus" des Sophokles, ganz naturgemäss aus dem Verlauf der Begebenheiten hervorgeht, 1455a, 17f. (16, 11), *πασῶν δὲ βελτίστη ἀναγνώρισις ἡ ἐξ αὐτῶν τῶν πραγμάτων, τῆς ⟨ἐκ πλήξεως γιγνομένης δι' εἰκό]ν[των, οἷον [ὁ] ἐν τῷ Σοφοκλέους Οἰδίπου.⟩*)

Drittens wird Euripides auf dem Gebiet der tragischen Fabel wegen unmotivirter Anwendung des sogenannten deus ex machina oder, richtiger gesagt, der *λύσις ἀπὸ μηχανῆς* von Aristoteles getadelt. Die Frage übrigens, in wie weit diese *λύσις ἀπὸ μηχανῆς* zulässig sei, kann uns hier nicht weiter beschäftigen, zumal in diesem Falle Sophokles zum Vergleich nicht herangezogen wird; wir begnügen uns daher einfach damit zu constatiren, dass die Anwendung der Maschine in der „Medea" des Euripides dem Aristoteles keineswegs zusagt, dass vielmehr seiner Ansicht nach die *λύσις* sich aus der tragischen Fabel selbst heraus ergeben muss. Aristoteles schreibt nämlich 1454a, 37ff. (15, 10), *φανερὸν οὖν ὅτι καὶ τὰς λύσεις τῶν μύθων ἐξ αὐτοῦ δεῖ τοῦ μύθου καὶ τῶν ἠθῶν) συμβαίνειν, καὶ μὴ ὥσπερ ἐν τῇ Μηδείᾳ ἀπὸ μηχανῆς.*

Schliesslich finden wir den Euripides noch zum viertenmal auf dem Gebiet der tragischen Fabel im achtzehnten Kapitel der Poetik getadelt, wo Aristoteles allerdings nicht mein planmässig von der tragischen Fabel handelt, sondern nur mehrere von dem Tragikern zu beachtende Regeln zusammengestellt werden, verbunden mit einigen nützlichen Winken und Bemerkungen zur Composition der Tragödie. Bei dieser Gelegenheit kommt er auch auf die Behandlung des Chors in der Tragödie zu reden, und hierbei trifft den Euripides desshalb ein Tadel, weil er den Chor in der Tragödie nicht als einen Theil des Ganzen behandelt, ihm nicht eine wesentliche Rolle mitspielen lässt, wie das Sophokles mit richtigem Takt gethan hat, sondern ihn als etwas rein Nebensächliches seitwärts liegen lässt und mit dem Gange der Fabel kaum nothdürftig in Verbindung bringt, 1456a, 26ff. (18, 21), *καὶ τὸν χορὸν δὲ ἕνα δεῖ ὑπολαβεῖν τῶν ὑποκριτῶν, καὶ μόριον εἶναι τοῦ ὅλου, καὶ συναγωνίζεσθαι μή, ὥσπερ Εὐριπίδῃ ἀλλ' ὥσπερ Σοφοκλεῖ.*

Aus diesen vier hier besprochenen Stellen, welche den Euripides besonders im Vergleich mit Sophokles nicht immer auf das Beste wegkommen lassen, scheint uns nun doch mit einiger Wahrscheinlichkeit hervorzugehen, dass Euripides rücksichtlich der Composition der tragischen Fabel, d. h. aber des wichtigsten qualitativen Theiles der Tragödie, von Aristoteles nicht für den

---

[1]) Der Sinn dieser Stelle muss doch w bl, wie sie auch restituirt werden mag, der von uns gegebene sein.

[2]) Im Texte folgt noch *καὶ τῇ Ἰφιγενείᾳ* was aber, wie oben erwähnt, nur zum Theil zutrifft.

ersten in seiner Kunst gehalten wurde. Ganz in derselben Weise aber fährt nun Aristoteles fort
bei Behandlung des zweiten qualitativen Theils, nämlich der Charakterschilderung, die Beispiele
von Fehlerhaftem den Stücken desjenigen Dichters zu entnehmen, welchen er so über alle Massen
gelobt haben soll.

Die Charakterschilderung in ihrer Bedeutung für den tragischen Dichter wird von
Aristoteles eingehender im fünfzehnten Kapitel der Poetik behandelt, wo der Reihe nach vier
Haupteigenschaften besprochen werden, welche den Charakteren einer guten Tragödie eigenthüm-
lich sein müssen, und in drei von diesen vier Fällen werden Beispiele aus den Tragödien des
Euripides herangezogen, welche zeigen sollen, wie tragische Charaktere nicht beschaffen sein dürfen.
Aristoteles schreibt nämlich 1454a, 16f. (15, 1 u. 2) περὶ δὲ τὰ ἤθη τέτταρά ἐστιν ὧν δεῖ στοχάζεσθαι.
ἓν μὲν καὶ πρῶτον, ὅπως χρηστὰ ᾖ, vier Anforderungen also seien an einen tragischen Charakter
zu stellen und zwar zunächst die, dass er „edel" sei. Hierauf folgt als Beispiel eines Charakters,
welcher dieser ersten Anforderung nicht genügt, also nicht „edel" erscheint, der Euripidische Menelaus in der Tragödie „Orestes". 1454a, 28f. (15, 7), ἔστι δὲ παράδειγμα πονηρίας μὲν ἤθους μὴ
ἀναγκαίου οἷον ὁ Μενέλαος ὁ ἐν τῷ Ὀρέστῃ. — Der zweiten Anforderung an die Charaktere einer
Tragödie. 1454a. 23 (15, 4) δεύτερον δὲ τὰ ἁρμόττοντα, also der Anforderung von „Angemessenheit"
der Charaktere, stellt Aristoteles wiederum als Beispiele von Fehlerhaftem zwei Euripideische Scenen
gegenüber. 1454a, 30f. (15, 8) τοῦ δὲ ἀπρεποῦς καὶ μὴ ἁρμόττοντος ὅ τε θρῆνος Ὀδυσσέως ἐν τῇ
Σκύλλῃ καὶ ἡ τῆς Μελανίππης ῥῆσις. also eine aus der „Scylla" und eine aus der „Melanippe" (und
zwar der „Philosophin Melanippe"), von welchen beiden Stücken übrigens nur das letztere mit
Sicherheit dem Euripides zugeschrieben werden kann. — Rücksichtlich der dritten Anforderung
an die tragischen Charaktere. nämlich der des ὅμοιον des „Naturgetreuen" wird Euripides nicht
erwähnt. — Dagegen findet sich der vierten Anforderung gegenüber, nämlich der des ὁμαλόν oder
der „Consequenz" in den Charakteren, ein Verstoss des Euripides gerügt, welchen er sich in der
„Iphigenie in Aulis" hat zu Schulden kommen lassen. 1454a. 32f. (15, 9). τοῦ δὲ ἀνωμάλου ἡ ἐν
Αὐλίδι Ἰφιγένεια· οὐδὲν γὰρ ἔοικεν ἡ ἱκετεύουσα τῇ ὑστέρᾳ.

Somit ist es uns wahrscheinlich, dass Aristoteles wie die tragische Fabel so auch die
Charakterschilderung des Euripides für keineswegs fehlerlos angesehen hat. Ob aber Aristoteles
auch in der Charakterschilderung den Sophokles über Euripides stellen wollte, geht aus dem
Angeführten allerdings noch nicht hervor. Dennoch halten wir es mit Rücksicht auf andere
Stellen der Poetik nicht für unwahrscheinlich, dass Aristoteles bei einer genaueren Vergleichung
beider Dichter auch hierin würde dem Sophokles den Vorzug gegeben haben. Im fünfund-
zwanzigsten Kapitel der Poetik werden nämlich verschiedene Vorwürfe aufgeführt, welche den
Dichtern öfters gemacht würden, und dabei zugleich angedeutet, wie solche Vorwürfe etwa zurück-
zuweisen seien. So sagt Aristoteles beispielsweise als Widerlegung des Vorwurfs, der Dichter habe
etwas so dargestellt, wie es nicht wirklich ist. liesse sich etwa antworten: „aber doch so, wie es
sein sollte, wie ja auch Sophokles meinte, er dichte Menschen und Charaktere, wie sie sein sollten.
Euripides aber, wie sie sind". 1460b, 33 f. (25,11) πρὸς δὲ τούτοις ἐὰν ἐπιτιμᾶται ὅτι οὐκ ἀληθῆ,
ἀλλ᾽ ἴσως (ὡς). δεῖ. οἷον καὶ Σοφοκλῆς ἔφη, αὐτὸς μὲν οἵους δεῖ ποιεῖν. Εὐριπίδη[ς] (ν) δὲ οἷοι εἰσί.
ταύτῃ λυτέον. [1]) Dass aber die hierin gekennzeichnete idealere Auffassung des Sophokles auch dem

[1]) Ob wir bei Erklärung dieser Stelle die Lessing'sche und seit dessen Zeit verbreitetste Auffassung
οἵους δεῖ εἶναι befolgen, oder die von G. Weicker, de Sophocle suae artis aestimatore (Halle 1862), S. 6 aufgestellte Ansicht οἵοι καὶ Σοφοκλῆς ἔφη αὐτὸς ποιεῖν, οἵους αὐτὸν ποιεῖν ὄντα δεῖ ποιεῖν bleibt für unseren Zweck
irrelevant, da es sich in beiden Fällen um eine idealere Auffassung des Sophokles handle.

Aristoteles als die würdigere erschien, lehrt einestheils der Zusammenhang, in welchem jene Aeusserung des Sophokles vorgebracht wird, anderntheils aber auch eine ausdrückliche Bemerkung 1461b, 11 ff. (25, 28), wo Aristoteles sagt, in der Poesie sei „das glaubliche Unmögliche dem Möglichen und doch Unglaublichen vorzuziehen;" und wenn es auch unmöglich sei, dass es solche Menschen gebe, wie sie Zeuxis malte, so sei damit doch das Bessere erwählt, denn „das Ideal müsse überragen" (τὸ γὰρ παράδειγμα δεῖ ὑπερέχειν.) Diese Aeusserung des Aristoteles zu Gunsten des Idealen fällt aber um so mehr in das Gewicht, als er das Ideale nicht etwa bloss als Freund des Unglaublichen und Ungereimten befürwortet: denn dass der Vorwurf der Vernunftwidrigkeit und Ungereimtheit in einer Dichtung ihm als ein durchaus begründeter erscheint, lehrt 1461b, 19 ff. (25, 31), wo das höchst unmotivirte Auftreten des Aegeus in der „Medea" des Euripides, also wieder ein Vergehen auf dem Gebiet der tragischen Fabel, auf das Entschiedenste gerügt wird: ὀρθὴ δ' ἐπιτίμησις καὶ ἀλογί[α] (ᾳ) καὶ μοχθηρί[α] (ᾳ), ὅταν μὴ ἀνάγκης οὔσης μηθὲν χρήσηται τῷ ἀλόγῳ, ὥσπερ Εὐριπίδης ἐν) τῷ [αἰγεῖ;η] (Αἰγεῖ, ἢ τῇ) πονηρίᾳ, ὥσπερ ἐν Ὀρέστῃ τοῦ Μενελάου.

Vergegenwärtigen wir uns nun nochmals, wie viel des Lobes in jener bekannten Stelle der Poetik dem Euripides wirklich gezollt wurde, wie auch dieses Lob wieder zwei Einschränkungen erfuhr, erstens durch die von Aristoteles zugestandene Nothwendigkeit guter Aufführung bei Euripideischen Stücken, zweitens dadurch, dass jenes Lob nur im Vergleich zu einer bestimmten Klasse von Dichtern, nicht aber unbedingt dem Euripides ertheilt zu werden scheint: vergegenwärtigen wir uns ferner, dass jenem Lobe unmittelbar ein positiver Tadel wegen der tragischen Oekonomie des Euripides beigefügt war und dass dieser Tadel, besonders rücksichtlich der tragischen Fabel und Charakterschilderung, von Aristoteles im weiteren Verlaufe seiner Schrift verhältnissmässig ganz umfassend motivirt wird; vergegenwärtigen wir uns alle diese Momente zusammen — so werden wir dadurch doch wohl zu der Entscheidung gedrängt, dass Aristoteles den Euripides nicht [für den ersten Tragiker gehalten hat.. Und tragen wir weiter dem Umstande Rechnung, dass Aristoteles nicht selten den Sophokles als einen solchen Dichter erwähnt, welcher den Anforderungen der tragischen Kunst in hohem Grade entspricht und das auch noch häufig im Vergleich mit Euripides, der dann hierbei regelmässig den Kürzeren zieht, so scheint es uns durchaus wahrscheinlich, dass auch Aristoteles nicht Euripides, sondern Sophokles für den grössten Tragiker Griechenlands gehalten hat.

Nun könnte man allerdings noch einwenden, dass Aristoteles den Euripides überhaupt weit öfter citirt hat und auch seinem Zwecke gemäss weit öfter citiren musste als den Sophokles, und somit auch öfter Gelegenheit hatte, der Fehler des Euripides zu gedenken. Gewiss, das soll ja auch nicht in Abrede gestellt werden. Aber trotzdem stehen die tadelnden Bemerkungen über Sophokles in gar keinem Verhältniss zu denen über Euripides, und ausserdem den Sophokles mit Euripides so häufig zu Ungunsten des letzteren vergleichen — das konnte doch Aristoteles, falls er Euripides wirklich für den grössten Tragiker hielt, unmöglich.

III. Vergleichung beider Urtheile.

Da schon die Beurtheilungen des Euripides durch Aristophanes und Aristoteles einzeln und an und für sich betrachtet so verschiedene Auffassungen erfahren haben, kann es uns natürlich nicht wundern, dass über das Verhältniss beider Beurtheilungen zueinander ebenso auseinandergehende Ansichten vorgebracht werden. So stellt z. B. Hartung als zähester Patron des Euripides, an den wenigen Stellen, wo er überhaupt einzelne Punkte beider Urtheile vergleicht, das Aristotelische Urtheil hin als ein dem Euripides äusserst günstiges und desshalb dem Aristophanischen durchaus widersprechendes. Sieht man aber dieser Hartung'schen Darstellung auf den Grund, so ergiebt sich, dass er nur solche Aussprüche des Aristoteles anführt, die entweder wirklich etwas Anerkennendes für Euripides enthalten oder doch, aus dem Zusammenhang gerissen zu enthalten scheinen, dagegen die viel zahlreicheren tadelnden Bemerkungen unerwähnt lässt. [1] Von derselben einseitigen Auffassung scheint Wolter [2] auszugehen, wenn er schreibt „Aristoteles nennt Euripides den tragischsten und würde, hätte er den Euripides eingehender kritisirt, ebenso viele Tugenden an Euripides gefunden haben, als Aristophanes Fehler fand." Nun, so eingehend, denken wir, hat denn doch Aristoteles den Euripides kritisirt, dass wir wenigstens diese Wolter'sche Behauptung zurückweisen dürfen. Andere Vertheidiger des Euripides sind denn auch vorsichtiger in dieser Frage geworden, wie das Beispiel von Rudloff [3] zeigt, der doch am Schluss seiner Besprechung der Aristophanischen Kritik zugiebt, Aristophanes habe in vielen Dingen das Richtige erkannt und sein Urtheil scheine häufig mit dem Aristotelischen überein zu stimmen. Zu einem noch unbefangenern, weil offenbar auf eine genauere Kenntniss der Aristotelischen Poetik gegründeten Urtheil ist endlich Kock gekommen, wenn er [4] schreibt „Stimmt doch im Wesentlichen die Ansicht des Aristoteles in der Poetik mit der des Komikers überein."

Da übrigens von allen diesen Aeusserungen hinsichtlich des Verhältnisses beider Urtheile zu einander keine einzige durch eine eingehendere Begründung gestützt auftritt, sondern fast alle nur in der Form einer beiläufigen Erwähnung und da auch eine solche Besprechung bei den meisten der genannten Autoren nicht im Plane des betreffenden Werkes lag, [5] so möchten wir nun auf Grund unserer Prüfung beider Urtheile die Hauptresultate dieser Prüfungen nebeneinanderstellen, um dadurch die Möglichkeit zu einer thunlichst unbefangenen Vergleichung zu bieten. Die Anordnung bei dieser Aufstellung wird naturgemäss die bei Prüfung der einzelnen Urtheile befolgte sein, nämlich die nach qualitativen und quantitativen Theilen der Tragödie. Innerhalb der einzelnen zu vergleichenden Punkte aber wird das Urtheil des Aristophanes, als das ausführlichere aber von einem Komiker gefällte, vorauzustellen sein, dem dann das Aristotelische, als das zwar kürzer gefasste aber mehr fachmännische, gleichsam als Prüfstein folgen soll.

Hinsichtlich des ersten qualitativen Theils, der tragischen Fabel nämlich, wird von Aristophanes getadelt die ganze tragische Fabel in dem „Aeolus" des Euripides, weil sie die Blutschande des Macareus und der Canace, in dem „Hyppolyt", weil sie die verbrecherische Liebe der Phädra zum Gegenstand hat. Dann werden als Missbräuche auf dem Gebiet der tragischen

---

[1] Vgl. Hartung, a. a. O. I. S. 319, wo er sagt, Euripides sei wegen des sprachlichen Ausdrucks von Aristophanes getadelt, von Aristoteles dagegen, Rhetorik III., 1 u. 2 gelobt worden, oder a. a. O. I., S. 324, wo er sagt, Euripides werde von Aristophanes getadelt propter humane loquendi consuetudinem, während Aristoteles ihn den tragischsten Dichter nenne.

[2] a. a. O. Schluss.

[3] a. a. O. Schluss.

[4] a. a. O. S. 24.

[5] Mit Ausnahme von Wolter, bei dem man nach dem Titel seines Aufsatzes „Aristoph. und Aristot. als Kritiker des Eurip." eine solche hätte erwarten dürfen.

- **39** -

Fabel jene Kniffe und Kunststückchen getadelt, wie die Effectstückchen im „Palamedes" und in der „Andromache", die Lumpen des „Telephos", die höchst unkünstlerische Situation einer „Auge", die Anhäufungen von Klagen in der „Andromeda", von Flüchen im „Theseus." — Ganz ähnliche Fehler rügt Aristoteles, wenn er die „taurische Iphigenie" tadelt, wegen der Art, wie Iphigenie den Orestes wiedererkennt oder die „Medea", weil hier die Titelheldin ihre Kinder ermordet und zwar aus eigenem Antrieb und mit dem vollen Bewusstsein von dem „Furchtbaren" ihrer That, oder dasselbe Stück wegen des ganz unmotivirten Auftretens des Aegeus oder die Euripideischen Chorgesänge wegen des fehlenden Zusammenhangs derselben mit der tragischen Fabel.

Hinsichtlich des zweiten qualitativen Theils, der Charakterschilderung nämlich tadelt Aristophanes die niedrigen Frauenfiguren des Euripides, wie Sthenebӧa und Phädra sowie seinen ganzen Weiberlass, dann solche Helden wie den bettelhaften Telephos, den blinden Phönix und den unwürdigen Menelaus. Ganz derselbe Menelaus wird wegen Mangels an Würde auch von Aristoteles getadelt, dann andere Figuren, wie der Odysseus in der allgemein dem Euripides zugeschriebenen „Scylla" wegen seines Klagenreichthums, dann auch zwei Frauenfiguren wie „Melanippe" die Philosophin, die obgleich Frau, doch Reden nach sophistischer Methode im Munde führt und die „Iphigenie in Aulis", weil die Charakterschilderung derselben am Anfang des Stücks derjenigen am Schluss gar nicht mehr entspricht. Endlich scheint auch der von Aristoteles angeführte Ausspruch des Sophokles, dass Euripides die Menschen darstelle, wie sie wirklich sind, nach dem Zusammenhang der Stelle ein allgemeines Urtheil zu enthalten über die Charakterschilderung des Euripides, und zwar von dem Sinne, dass Aristoteles in derselben sein Ideal nicht erkannte.

Hinsichtlich des dritten qualitativen Theils, des sprachlichen Ausdrucks nämlich, tadelt Aristophanes den Euripides wegen seiner mit Geschwätzigkeit verbundenen angeblichen Deutlichkeit und zweitens wegen seiner gewagten Wendungen und übertragenen Ausdrücke. Auf die angebliche Deutlichkeit scheint Aristoteles seinen Tadel mitbezogen zu haben, wenn er von einer zu epischen Behandlung des Trojanischen Krieges bei Euripides spricht, und einen unpassenden übertragenen Ausdruck des Euripides rügt Aristoteles in der Rhetorik, III., 2, wenngleich sonst Euripides in dieser Hinsicht von Aristoteles an jener Stelle gelobt wird.

Die quantitativen Theile der Tragödie werden von Aristoteles bekanntlich gar nicht planmässig behandelt: denn das kleine, nur wenige Zeilen umfassende zwölfte Kapitel der uns ja nur bruchstückweise erhaltenen Poetik scheint ein Einschiebsel von fremder Hand zu sein. Wir könnten desshalb höchstens die Bemerkung des Aristoteles von der zu epischen Methode des Euripides mitbeziehen auf die von Aristophanes wegen ähnlicher Fehler getadelten Prologe des Euripides und das bereits bei Besprechung der tragischen Fabel von der Zusammenhanglosigkeit der Chorgesänge mit derselben Gesagte zugleich mitbeziehen auf die Chorgesänge als quantitativen Theil der Tragödie.

In welchem Geiste aber Aristoteles alle seine einzelnen Bemerkungen über die Kunst des Euripides will aufgefasst haben, scheint besonders dadurch klar zu werden, dass der grosse Kunstkritiker, nachdem er den treffenden Ausspruch des Sophokles vorgebracht hat, wonach dieser zwar die Menschen darstellt, wie sie sein sollten, Euripides aber, wie sie wirklich sind, — dass Aristoteles noch in demselben Kapitel hinzufügt, das Ideal aber müsse überragen, denn darin liegt doch der Gedanke ausgesprochen, dass Euripides jene ideale Stellung der tragischen Kunst aufgegeben hat, indem er in das tagtägliche Leben herabstieg, dass aber eben auf diesen Vorwurf auch die ganze Kritik des Aristophanes hinauslief. haben wir ja bei fast allen tadelnden Bemerkungen desselben im Einzelnen ausdrücklichst hervorgehoben. — Berücksichtigen wir nun neben all dem Gesagten auch noch den Umstand, dass die Poetik des Aristoteles ein Werk von sehr geringem Umfang und dazu auch noch bruchstückweise erhalten ist, sowie dass Euripides darin gar nicht planmässig sondern nur bei Gelegenheit einer Kritik unterzogen wird. so kommen wir zu dem Schluss, das dass Urtheil des Aristoteles über Euripides. wenn es selbst unter diesen Verhältnissen mit dem Aristophanischen Urtheil so nahe zusammentrifft, sich bei einer eingehenderen Behandlung demselben noch mehr würde genähert haben.

Schulnachrichten.

A. Curatorium und Lehrer-Collegium der Realschule.

I. Curatorium.

Herr Oberbürgermeister Roos.

„ H. Blasberg.

„ F. J. Casaretto.

„ Emil de Greiff.

Herr W. Jentges.

„ Dr. Meller.

Der Director der Realschule.

II. Lehrercollegium.

Dr. E. Schauenburg, Director.

Herr Dr. M. Evers, Oberlehrer.

„ Dr. M. Krumm, Oberlehrer.

„ Dr. Ad. Soldan, Oberlehrer.

„ Dr. C. Schwabe, Oberlehrer.

„ E. Stolte, ordentlicher Lehrer.

„ C. Quossek, ordentlicher Lehrer.

„ H. Rodenbusch, ordentlicher Lehrer.

„ Dr. J. Jansen, ordentlicher Lehrer.

„ Dr. C. Hagen, ordentlicher Lehrer.

„ F. v. Aschen, ordentlicher Lehrer.

„ C. Schumacher, ordentlicher Lehrer.

Herr A. Holtzheuer, ordentlicher Lehrer.

„ H. Stader, ordentlicher Lehrer.

„ H. Graeber, Zeichenl. (bis Herbst 1877).

„ E. Mueller, Zeichenl. (seit Herbst 1877).

„ F. Krueger, wissenschaftlicher Hülfslehr.

„ W. Comans, Caplan, kath. Religionslehr.

„ Pfarrer Rabbertz, kath. Religionslehrer.

„ Oberrabbiner Dr. Horowitz, israel. Relig.

„ W. v. d. Thuesen, Lehrer der Vorsch.

„ J. Merker, Lehrer der Vorschule.

„ C. Weiss, Lehrer der Vorsch. (s. pag. 52).

B. Lehrplan.

I. Religionslehre.

a. Evangelische.

Sexta:	2 St. w.	Biblische Geschichte des A. T., Lernen von Liedern und Sprüchen.
Quinta:	2 St. w.	Biblische Geschichte des N. T., Lernen von Liedern und Sprüchen.
Quarta:	2 St. w.	Evangelium Lucae; Leben Jesu, Bergpredigt, Gleichnisse; Lieder und Sprüche.
Tertia: (comb.)	2 St. w.	Abschnitte des A. T. Reden des Herrn. Ausgewählte Psalmen. Apostelgeschichte. Sprüche.

6

Unter-Secunda:	2 St. w. Die katholischen Briefe, die ältere Kirchengeschichte. Psalmen und Sprüche.
Ober-Secunda:	2 St. w. Römerbrief. Reformationsgeschichte. Unterscheidungslehre.
Prima:	2 St. w. Kirchengeschichte. Glaubens- und Sittenlehre. Römerbrief. I. Korintherbrief, Galaterbrief, ausgewählte Stellen der übrigen Briefe.

b. Römisch-Katholische.

Untere Abtheilung:	(Sexta und Quinta): 2 St. w. Die wichtigsten christlichen Gebete. Die Lehre vom Glauben und den Sacramenten, nach dem Diöcesan-Katechismus. Ausgewählte Stücke des Alten Testamentes.
Mittlere Abtheilung:	(Quarta und Unter-Tertia): 2 St. w. Die zwölf Glaubensartikel. Wiederholung der Sacramentenlehre, nach dem Diöcesan-Katechismus. Die sonntäglichen Evangelien; Geschichte der vorchristlichen Offenbarungen.
Obere Abtheilung:	(Ober-Tertia bis Prima): 2 St. w. Die Lehre von der Kirche, von der Gnade und den Sacramenten.

c. Alt-Katholische.

Untere Abtheilung:	(Sexta bis Unter-Tertia): 2 St. w. Lehre von der Kirche, (Gründung, Verfassung, Kirchenversammlungen), von den Sacramenten, nach dem kleinen Katechismus; einschlägige Abschnitte aus der bibl. Geschichte (zu der Lehre von der Kirche) gelesen und gelernt.
Obere Abtheilung:	(Ober-Tertia bis Prima): 2 St. w. Allgemeine und specielle Einleitung in die Religionslehre, nach dem Leitfaden für den katholischen Religionsunterricht für höhere Schulen.

II. Deutsch.

Sexta:	4 St. w. Lesestücke. Besprechung derselben. Lernen und Vortragen leichter Gedichte Wöchentliche schriftliche Arbeiten. Dictat oder Nacherzählung.
Quinta:	4 St. w. Lesestücke und Gedichte wie oben. Der einfache erweiterte Satz. Orthographische Uebungen. Vierzehntägige Arbeiten.
Quarta:	4 St. w. Lesestücke wie oben: Gedichte. Satzlehre; starke und schwache Verba. Orthographische Uebungen; 14 täg. Arbeiten.
Unter-Tertia:	3 St. w. Lesestücke. Balladen, freie Vorträge erzählenden Inhalts. - Satzlehre, Flexion, Wortbildung. 2—3 wöch. Arbeiten.
Ober-Tertia:	3 St. w. Prosaische und poetische Lectüre; Balladen. Memoriren; poetischer und erzählender Vortrag. Anleitung zum Disponiren; freie mündliche Darstellung bekannter Gegenstände. Versmass, Synonymen, Tropen. 3 wöch. Arbeiten.
Unter-Secunda:	3 St. w. Schillers Balladen, Spaziergang und Glocke lesen, lernen und vortragen; eines der leichteren Dramen Schillers. Wiederholung der Grammatik. Monatliche Aufsätze.
Ober-Secunda:	3 St. w. Homer's Ilias und Odyssee (nach Voss). Schiller's culturhistorische Gedichte und Wallenstein. Monatliche Aufsätze.
Prima:	3 St. w. Erstes Jahr: Die älteren Perioden der deutschen Litteratur bis auf Lessing. Eingehende Lectüre ausgewählter Proben, bes. Nibelungen. — Lessing (Minna von Barnhelm und Nathan); Dramen von Sophokles (nach Donner) und Shakspeare (nach Schlegel-Tieck). Einleitung in die Psychologie. Monatliche Aufsätze. Zweites Jahr: Herder (Cid) und zeitgenössische Dichter. Goethe (Hermann und Dorothea, Iphigenia, lyrische Gedichte), Schiller (Braut von Messina, lyrische Gedichte, Künstler). Dramen von Sophokles und Shakspeare. Einleitung in die Logik. Monatliche Aufsätze.

III. Latein.

Sexta:	8 St. w. Regelmässige Formenlehre. Vocabellernen. Uebersetzen. Wöch. kurze Arbeiten.
Quinta:	6 St. w. Wiederholung; Pronomen, unregelmässige Verba. Vocabellernen, Uebersetzen. Wöchentl. schriftl. Arbeiten.

Quarta:	6 St. w. Wiederholung der regelmässigen und unregelmässigen Formenlehre. Casuslehre, Grundlehren der Syntax, Acc. c. Inf., Abl. abs. -- Uebersetzen. Vierzehntägige Arbeiten.
Unter-Tertia:	5 St. w. Wiederholung der Casuslehre, Moduslehre. Mündliches und schriftliches Uebersetzen. Caesar d. b. G. I., 1—30. Vierzehntägige Arbeiten.
Ober-Tertia:	5 St. w. Casuslehre in eingehender Behandlung. Caesar d. b. G. I., II., III. Vierzehntägige Arbeiten.
Unter-Secunda:	4 St. w. Moduslehre; Lectüre aus Caesar, Sallust, Livius, Ovid. Vierzehntägige Arbeiten
Ober-Secunda:	4 St. w. Abschluss der Syntax. Lectüre aus Livius, Cicero u. Ovid. Vierzehntägige Arbeiten.
Prima:	3 St. w. Lectüre aus Tacitus Germania, Livius, leichtere Reden von Cicero; Vergil Aen. lib. I., II., VI., einzelne Oden von Horaz.

IV. Französisch.

Quinta:	5 St. w. Formenlehre, regelmässige Conjugation; Leseübungen, Memoriren. — Wöch. Arbeiten.
Quarta:	4 St. w. Wiederholung; Pronom, unregelmässige Verbes; Lesen, Memoriren. Vierzehntägige Arbeiten.
Unter-Tertia:	4 St. w. Wiederholung, unregelm. Verb; Subst., Adj., Numer., Adv., Prépos.; Lesen, Memoriren, Anfang französischer Unterhaltung. Vierzehntägige Arbeiten.
Ober-Tertia:	4 St. w. Wiederholung; Temps, Modes, Subjonctif, Participe. Lesen, Memoriren, Uebung in französischer Unterhaltung. Vierzehntägige Arbeiten.
Unter-Secunda:	4 St. w. Wiederholung; Anwendung der Redetheile, Rection des Verbums, Lectüre zusammenhangender Stücke; französische Unterhaltung. Vierzehntägige Arbeiten.
Ober-Secunda:	4 St. w. Allgemeine grammatische Wiederholung, Lectüre classischer Prosa (Michaud histoire des croisades, od. Ségur, incendie de Moscou). Französische Unterhaltung. Vierzehntägige Arbeiten.
Prima:	4 St. w. Wiederholung der ganzen Grammatik in franz. Sprache. Lectüre: Erstes Jahr Corneille (Cinna), Racine (Athalie), Molière (l'Avare, le Misanthrope); zweites Jahr Delavigne (les enfants d'Edouard) Chateaubriand (Atala, Réné); Prosa des XIX. Jahrhunderts. Uebersetzen deutscher classischer Prosa und Poesie in's Französische (Schiller, Wallenstein's Tod); Memoriren von Gedichten, Vortrag. Unterrichtssprache französisch. Monatliche freie Aufsätze.

V. Englisch.

Unter-Tertia:	3 St. w. Formenlehre, Aussprache, Leseübungen. Vierzehntägige Arbeiten.
Ober-Tertia:	3 St. w. Abschluss der Formenlehre, Lesen, Memoriren. Vierzehntägige Arbeiten.
Unter-Secunda:	3 St. w. Grammatik in eingehender Behandlung. Artikel, Substantiv, Verb. - Lesen, Memoriren, mündliche und schriftliche Uebungen. Vierzehntägige Arbeiten.
Ober-Secunda:	3 St. w. Abschluss der Grammatik, englische Unterhaltung, zusammenhangende Lesestücke. Vierzehntägige Arbeiten.
Prima:	3 St. w. Grammatische Wiederholung; Synonymen. Lectüre: Erstes Jahr Shakspeare, (Julius Caesar); zweites Jahr Byron (Marino Faliero), neuere Prosa. Uebersetzen deutscher classischer Prosa und Poesie in's Englische. Unterrichtssprache englisch. Monatliche freie Aufsätze.

VI. Geschichte.

Sexta:	2 St. w. Erzählungen aus der Griechischen Götter- und Heldensage.
Quinta:	2 St. w. Erzählungen aus der Deutschen Geschichte.
Quarta:	2 St. w. Erzählungen aus der Griechischen und Römischen Geschichte.

Unter-Tertia:	2 St. w.	Deutsche Geschichte bis 1517.
Ober-Tertia:	2 St. w.	Neuere Geschichte bis 1789.
Unter-Secunda:	2 St. w.	Neueste Geschichte von 1789 bis zur Gegenwart.
Ober-Secunda:	2 St. w.	Alte Geschichte, Orient, Griechenland, Rom.
Prima:	2 St. w.	Erstes Jahr Mittelalter, zweites Jahr neuere Zeit.

VII. Geographie.

Sexta:	2 St. w.	Allgemeine Uebersicht, topische Geographie von Europa, genauer von Deutschland.
Quinta:	2 St. w.	Oceane; topische Geographie der aussereuropäischen Erdtheile.
Quarta:	2 St. w.	Südliche Halbinseln von Europa: Schweiz, Frankreich, Niederlande.
Unter-Tertia:	2 St. w.	Deutschland, Oesterreich.
Ober-Tertia:	2 St. w.	Grossbritannien, Dänemark, Schweden, Norwegen, Russland, Asien.
Unter-Secunda:	1 St. w.	Mathematisch-physische Geographie im Umriss; Afrika, Amerika, Australien.
Ober-Secunda:	1 St. w.	Allgemeine Wiederholung der topischen und politischen Geographie.
Prima:	1 St. w.	Erstes Jahr: Mathematische Geographie und sphärische Astronomie. Zweites Jahr: Physische Geographie, Handelsgeographie.

VIII. Naturgeschichte.

Sexta:	2 St. w.	Sommer: Beschreibung allgemein bekannter Pflanzen; Einprägung der wichtigsten botanischen Kunstausdrücke. Winter: Hauptvertreter der Klassen der Wirbelthiere.
Quinta:	2 St. w.	Sommer: Beschreibung einheimischer Pflanzen mit besonderer Berücksichtigung der Wurzel-, Stamm- u. Blattformen. Einführung in das Linné'sche System. Winter: Säugethiere. Klasse, Ordnung, Familie, Gattung und Art.
Quarta:	2 St. w.	Sommer: Bestimmen einheimischer Pflanzen nach dem Linné'schen System; Hinweis auf das natürliche System. Blütentheile und ihre Functionen. Winter: Vögel, Reptilien, Amphibien und Fische.
Unter-Tertia:	2 St. w.	Sommer: Uebungen im Bestimmen der Pflanzen nach dem natürlichen System. Blütenstände und Früchte. Einiges aus der Anatomie der Pflanzen. Winter: Wirbellose Thiere; Anthropologie.
Ober-Tertia:	2 St. w.	Sommer: Das natürliche Pflanzensystem: Kryptogamen. Das Wichtigste aus der Pflanzenphysiologie. Winter: Die allgemeinen Eigenschaften der Mineralien. Beschreibung der häufigsten Mineralien.
Unter-Secunda:	1 St. w.	Sommer: Wiederholung der Pflanzensystematik; Physiologie. Winter: Beendigung der Mineralogie.
Ober-Secunda:	1 St. w.	Sommer: Allgemeine Wiederholung. Winter: Geognosie und Geologie.

IX. Physik.

Ober-Tertia:	1 St. w.	Allgemeine Einleitung; Uebung im Beobachten und Beschreiben.
Unter-Secunda:	3 St. w.	Elemente der Lehre von der Elektricität, dem Magnetismus, dem Lichte. Allgemeine Eigenschaften der Körper, Statik und Mechanik der festen, flüssigen und luftförmigen Körper.
Ober-Secunda:	3 St. w.	Wärmelehre, Akustik.
Prima:	3 St. w.	Erstes Jahr: Elektricität, Magnetismus. Zweites Jahr: Optik; allgemeine Wiederholung.

X. Chemie.

Unter-Secunda: 2 St. w. Allgemeine Einleitung; Metalloïde.
Ober-Secunda: 2 St. w. Metalle.
Prima: 3 St. w. Wiederholung der Metalloïde und Metalle: praktische Arbeiten. Qualitative Analyse unorganischer Körper. Ausgewählte Capitel der organischen Chemie.

XI. Mathematik.

Quarta: 4 St. w. Elemente der Geometrie bis einschliesslich der Lehre vom Dreieck; einfache Constructionsaufgaben; Elemente der Algebra.

Unter-Tertia: 4 St. w. Die Lehre vom Viereck, Vieleck und Kreise; Constructionsaufgaben; die vier Species in absoluten ganzen Zahlen, sowie in allgemeinen Ausdrücken; einfache Gleichungen I. Grades mit einer Unbekannten. Repetition des Pensums der Quarta.

Ober-Tertia: Die Lehre von dem Flächeninhalt und der Aehnlichkeit der Figuren; vermischte geometrische Sätze; Constructionsaufgaben; Repetitionen über die Pensa der Quarta und Tertia; Grundsätze über die Quadrate und Cuben, sowie die Quadrat- und Cubikwurzeln und numerisches Ausziehen der Quadrat- und Cubikwurzeln; Proportionslehre; Gleichungen I. und II. Grades mit einer und mehreren Unbekannten.

Unter-Secunda: 4 St. w. Geometrische Berechnungen; Construction algebraischer Ausdrücke; Constructionsaufgaben und Repetitionen über das ganze Gebiet der Planimetrie; ebene Trigonometrie; die Lehre von den Potenzen, Wurzeln und Logarithmen; Lösung schwierigerer Aufgaben I. Grades mit mehreren Unbekannten; quadratische Gleichungen; Exponentialgleichungen I. Grades.

Ober-Secunda: 5 St. w. Wiederholung und Erweiterung der ebenen Trigonometrie; Stereometrie mit Einschluss der regelmässigen Körper; Lösung von Aufgaben; arithmetische und geometrische Reihen; figurirte Zahlen; Zinseszins- und Rentenrechnung; die combinatorischen Operationen und der binomische Lehrsatz; Lösung schwieriger Gleichungen II. Grades mit mehreren Unbekannten, sowie der Exponentialgleichungen II. Grades; Repetitionen über die Pensa der Quarta und Tertia.

Prima: 5 St. w. Sphärische Trigonometrie; Maxima und Minima; analytische Geometrie; Repetitionen und Constructionsaufgaben über alle Zweige der Geometrie; analytische Mechanik; Grundsätze der Zahlentheorie; Kettenbrüche; diophantische Gleichungen; allgemeine Theorie der algebraischen Gleichungen; Gleichungen III. und IV. Grades; Analysis bis einschliesslich der complexen Grössen; Elemente der Differential- und Integralrechnung.

XII. Rechnen.

Sexta: 5 St. w. Die vier Species in ganzen unbenannten und benannten Zahlen; Bruchrechnung.
Quinta: 4 St. w. Decimalbrüche, Regel de tri.
Quarta: 3 St. w. Regel de tri in Decimalbrüchen; Zins-, Rabatt-, Discontorechnung.
Unter-Tertia: 2 St. w. Rabatt, Erweiterte Discontorechnung, Kettenregel, einfache Waarencalculation.
Ober-Tertia: 2 St. w. Waarencalculation; zusammengesetzte Fälle der Gesellschaftsrechnung.
Unter-Secunda: 1 St. w. Wechselrechnung, Terminrechnung, Conto corrente; Wiederholungen.

XIII. Zeichnen.

Quinta: 2 St. w. Freihandzeichnen; Anfänge des Linearzeichnens und der Perspective.
Quarta: 2 St. w. Contourzeichnen, Blätter und Blumen. Aufgestellte Holzkörper in einfachster Schattirung. Gerade und krumme Linien. Parquetmuster, Perspective.
Unter-Tertia: 2 St. w. Ornamentale Conturen; menschliche Köpfe und Figurentheile.
Ober-Tertia: 2 St. w. Antike Muster architektonischer Formen; Vorlagen in Feder- und Bleistiftmanier. Gypsmodelle. Abschluss der perspectivischen Uebungen.
Unter-Secunda: 2 St. w. Gypsmodelle; antike Muster und Renaissance-Ornamente.

Ober-Secunda: 2 St. w. Aquarelliren von Planzeichnungen, Freihandzeichnen mit Renaissance-Ornamenten in zwei Kreiden.

Prima: 3 St. w. Freihandzeichnen nach Gypsmodellen in zwei Kreiden oder Sepia. Projection, Schattenconstruction.

XIV. Schreiben.

Sexta: 4 St. w., Quinta: 3 St. w., Quarta: 2 St. w., Unter-Tertia: 1 St. w., Einübung der deutschen und lateinischen Schrift nach den Heften von Henze; Rundschrift nach Soennecken.

XV. Singen.

Sexta: 1 St. w., Quinta: 1 St. w. Stimmübungen und Einübung von Choralmelodien und Volksliedern. Ausserdem wird ein Chor aus den bessern Stimmen der höheren Classen gebildet zur Einübung vierstimmiger Gesänge.

XVI. Turnen.

Die sämmtlichen turnenden Schüler waren in 3 Abtheilungen von je 50—100 Schülern getheilt und betrieben im Sommer und Winter in 2 St. w. Freiübungen nach dem amtlichen Lehrplan von Euler, Gerüstübungen nach dem Lehrgange der Central-Turnanstalt.
A. Freiübungen. I. Gliederübungen auf der Stelle. Aufstellung in Frontreihe. Flankenstellung. Grundstellung. Offene Frontstellung durch Herausziehen von Nro. 1 oder 2. Offene Frontstellung durch Abstandnehmen. Offene Flankenstellung. Fussstellungen. Wendungen. — a. Kopfbewegungen: Kopfdrehen, Zusammensetzung von Kopfdrehen und Kopfbeugen. b. Armbewegungen: Armheben und -senken. Armschwingen. Armwellen. Armstrecken nach den fünf Grundrichtungen. c. Rumpfbewegungen: Rumpfdrehen. Rumpfbeugen vorwärts, rückwärts, seitwärts. d. Bein- und Fussbewegungen: Beinneben, -senken. Beinspreizen etc. II. Gliederübungen von der Stelle. Gewöhnlicher Gang. Laufen. Spiele. III. Ordnungsübungen. Reigenartige Uebungen. Kreislinie, Schlangenlinie, Schneckenlinie etc. Marsch. Marschiren in Frontreihe. Marschiren in Flankenreihe.
B. Geräth- und Gerüstübungen. Sprünge über Schnur und Graben. Hoch-, Weit- und Tiefsprung. (Sturmsprung). Uebungen am Steige- und Klettergerüst und an der Leiter. Uebungen an Stangen und Tauen, am Reck, am Barren, Bock, Pferd, Streckschaukel und Rundlauf.

Lehrplan der Vorschule.

I. Religion.

Dritte Classe: 2 St. w. Erzählen und Nacherzählen biblischer Geschichten, Vor- und Nachsprechen kurzer Gebete.

Zweite Classe: 2 St. w. Leichtere biblische Geschichten des A. T. werden erzählt, besprochen und nacherzählt, einige Kirchenlieder gelernt.

Erste Classe: 2 St. w. Biblische Geschichten des N. T., sechs Kirchenlieder.

II. Deutsch.

Dritte Classe: 12 St. w. Erlernen des Lesens deutscher und lateinischer Druckschrift, Lautiren und Buchstabiren; Abschreiben der Lesestücke; Lernen kurzer Gedichte, besonders Fabeln.

Zweite Classe: 12 St. w. Uebung im Lesen an kurzen Erzählungen und Gedichten; Erlernen der letzteren und Niederschreiben aus dem Gedächtnisse; Dictir- und Abschreibeübungen.

Erste Classe: 12 St. St. w. Leseübungen. Schreiben nach Dictat und Abschreiben; wöchentliche kleine Aufsätze, meist Fabeln und kurze Erzählungen. Laute und Silben: Hauptwort, Eigenschaftswort, Geschlechtswort. Zeitwort. Lernen von 12 Gedichten.

III. Rechnen.

Dritte Classe: 6 St. w. Zuzählen und Abziehen im Zahlenkreise von 1—100.
Zweite Classe: 6 St. w. Addiren, Subtrahiren, Multipliciren, im Kopfrechnen auf den Zahlenkreis von 1—1000 beschränkt; Anfang des Dividirens im Zahlenkreise von 1—100.
Erste Classe: 6 St. w. Dividiren in unbenannten, die vier Rechnungsarten in benannten Zahlen. Leichtere Aufgaben im Kopfrechnen.

IV. Schreiben.

Dritte Classe: 6 St. w. Deutsche Schrift, kleine und grosse Buchstaben.
Zweite Classe: 6 St. w. Einübung der deutschen Schrift in Wörtern und Sätzen.
Erste Classe: 4 St. w. Deutsche und lateinische Schrift nach den Heften von Henze.

V. Singen.

Erste Classe: 2 St. w. Stimmbildungsübungen; einstimmige Volkslieder; einige Choralmelodien.

Erläuterungen zum Lehrplan.

In der Vorschule hat jede der drei Classen einen einjährigen Cursus; da die Aufnahme in die Sexta der Realschule, von besonders begründeten Ausnahmen abgesehen, nicht vor vollendetem neunten Lebensjahre stattfinden darf, so können in die unterste Stufe der Vorschule nur solche Knaben aufgenommen werden, die bis zum 1. Juli das sechste, in die mittlere nur solche, die bis dahin das siebente, in die obere nur solche, die bis dahin das achte Lebensjahr vollendet haben werden. In der Realschule hat die Prima einen zweijährigen, jede der anderen Classen einen einjährigen Cursus; der gesammte Lehrgang derselben umfasst also einen Zeitraum von neun Jahren, der Regel nach vom vollendeten neunten bis zum vollendeten achtzehnten Jahre.

Der Unterricht währt Vormittags im Sommer von 7—11, im Winter von 8—12, und Nachmittags, Mittwoch und Sonnabend ausgenommen, von 2—4 Uhr. Nach der zweiten Vormittags- und der ersten Nachmittagsstunde finden Pausen von je 15 Minuten, übrigens zwischen jeden zwei Stunden Pausen von je 5 Minuten statt. Der Unterricht in der Vorschule beginnt Vormittags eine Stunde später und übersteigt nicht 26 Stunden wöchentlich.

Ausserhalb der eigentlichen Unterrichtszeit nach dem Vormittagsunterrichte liegt, der noch unvermeidlichen Classencombination halber, der Religionsunterricht der katholischen und israelitischen Schüler. Von den ersteren Classen die römisch-katholischen in drei Abtheilungen (von 14, 18 und 10 Schülern) durch den Herrn Caplan Comans, die altkatholischen (10 Schüler) in zwei Abtheilungen und in Gemeinschaft mit den Schülern gleichen Bekenntnisses aus dem Gymnasium und der Königl. Provinzial-Gewerbeschule durch den Herrn Pfarrer Rabbertz in je 2 Stunden wöchentlich unterrichtet; den Religionsunterricht der israelitischen Schüler ertheilte in gleichfalls zwei Abtheilungen und je 2 Stunden wöchentlich der Herr Oberrabbiner Dr. Horowitz.

Vom evangelischen Religionsunterrichte waren die Confirmanden dispensirt.

Den Turnunterricht leitete bis Herbst Herr Graeber, seitdem sein Nachfolger Zeichenlehrer Müller. Dispensirt waren 60 Schüler.

Vertheilung des Unterrichts während

Lehrer.	Prima Ord. Dr. Evers	Ober-Secunda Ord. Dr. Kromm.	Unter-Sec. A Ord Dr. Soldan.	Unter-Sec. B Ord. Dr. Schwabe.	Ober-Tertia Ord. Quossek.
1. **Dr. E. Schauenburg,** Director.	3 Deutsch 3 Latein				
2. **Dr. M. Evers,** Oberlehrer.	5 Mathem. 3 Physik 1 Geographie	3 Physik		3 Physik 4 Mathematik	
3. **Dr. M. Krumm,** Oberlehrer.	3 Englisch 3 Chemie	3 Englisch 5 Mathematik 2 Chemie			
4. **Dr. Ad. Soldan,** Oberlehrer.	2 Geschichte		3 Deutsch 4 Latein 2 Geschichte 1 Geographie		5 Latein 2 Geschichte
5. **Dr. C. Schwabe,** Oberlehrer.		3 Deutsch 4 Latein 2 Geschichte		3 Deutsch 4 Latein 2 Geschichte 1 Geographie	
6. **E. Stolte,** evangelischer Religionslehrer.	2 Religion	1 Geographie	2 Religion		2 Geographie
7. **C. Quossek,** ordentlicher Lehrer.		4 Franzōs.	4 Französisch 3 Englisch		4 Französisch 3 Englisch 4 Mathematik
8. **H. Rodenbusch,** ordentlicher Lehrer.		2 Religion			2 Religion
9. **Dr. J. Jansen,** ordentlicher Lehrer.	4 Französisch				3 Deutsch
10. **Dr. C. Hagen,** ordentlicher Lehrer.		1 Naturgesch.	1 Naturgesch. 2 Chemie	1 Naturgesch. 2 Chemie	2 Naturgesch. 1 Naturlehre
11. **F. von Aschen,** ordentlicher Lehrer.				4 Französisch 3 Englisch	
12. **C. Schumacher,** ordentlicher Elementarlehrer.			1 Rechnen	1 Rechnen	2 Rechnen
13. **A. Holtzheuer,** ordentlicher Elementarlehrer			(3 Vierstimmiger Chor)		
14. **E. Müller,** Zeichenlehrer.	3 Zeichnen	2 Zeichnen	2 Zeichnen	2 Zeichnen	2 Zeichnen
15. **F. Krüger,** wissenschaftlicher Hülfslehrer.					
16. **H. Stader,** ordentlicher Elementarlehrer.					
17. **W. v. d Thüsen,** Lehrer der Vorschule.					
18. **J. Merker,** Lehrer der Vorschule.					
	32	32	32	32	32

des Schuljahres 1877--78.

Unter-Tert. A. Ord. Rodenbusch	Unter-Tert. B. Ord. Dr. Jansen	Quarta Ord. Krüger.	Quinta Ord. Schomacher	Sexta Ord. Holtzhewer.	Vorschule A Lehrer Stader.	Vorschule B Lehrer v. d. Thüsen.	Vorschule C Lehrer Merker.	Su.
4 Mathematik								10
								19
		4 Französisch						20
								19
								19
		2 Religion	6 Latein 2 Religion	2 Religion				19
								22
2 Religion (m O.III.) 3 Deutsch 5 Latein 4 Französ.	5 Latein 3 Deutsch 4 Französisch 3 Englisch							19 24
2 Naturgesch.	2 Naturgesch.	2 Naturgesch.	2 Naturgesch.	2 Naturgesch.				21
2 Geschichte 2 Geographie 2 Rechnen	2 Geschichte 2 Geographie 2 Rechnen	2 Rechnen	5 Französisch					20
			4 Deutsch 2 Geschichte 2 Geographie 4 Rechnen					22
3 Englisch		4 Mathematik	1 Singen	4 Deutsch 2 Geschichte 2 Geographie 5 Rechnen 1 Singen				25
2 Zeichnen 1 Schreiben	2 Zeichnen 1 Schreiben	2 Zeichnen	2 Zeichnen 2 Schreiben					23
		4 Deutsch 6 Latein 2 Geschichte 2 Geographie 2 Schreiben		8 Latein				22
				4 Schreiben	6 Rechnen 6 Deutsch 4 Schreiben	2 Religion		24
					6 Deutsch 2 Singen	6 Rechnen 8 Deutsch 4 Schreiben		26
						4 Deutsch	6 Rechnen 12 Deutsch 4 Schreiben	26
32	32	32	32	28	24	26	52	

50

Schriftliche Arbeiten der Abiturienten.

Ostern 1878. 1. Deutscher Aufsatz: Der Mensch die Krone der Schöpfung. 2. Religionsaufsatz (evangelisch) Worin besteht die wahre Nächstenliebe? — 3. Französischer Aufsatz: Othon I., Empereur d'Allemagne. 4. Englisches Extemporale: Flight of James II. — 5. Mathematische Arbeiten: 1) Lösung der Gleichung $3x^3 - 54x^2 + 261x - 330 = 0$. — 2) In einem schiefwinkligen Dreieck sei gegeben eine Seite c = 13 cm., der ihr gegenüberliegende Winkel γ = 53°7'48,4" und für die beiden anderen Seiten a und b die Berührungssehne des dem Dreieck eingeschriebenen Kreises s = 7,1554 cm. Wie gross sind die übrigen Winkel und Seiten des Dreiecks? — 3) Ein reguläres Tetraëder wird in einen hohlen geraden Kegel mit der Spitze nach unten gekehrt so geworfen, dass eine Fläche desselben parallel der Basis des Kegels bleibt. Wenn nun der Radius der Basis des Kegels r = 6 cm, die Seite desselben 5 = 12 cm, eine Kante des Tetraëders aber a = 8 cm beträgt, u. wie weit wird die Spitze des Tetraëders von der des Kegels entfernt bleiben, und h. wie gross ist der Rauminhalt des von dem Tetraëder nicht ausgefüllten Theiles des hohlen Kegels unterhalb der Basis des Tetraëders? — 4) Es sei die Basis eines Dreiecks = 2 c, die Differenz der beiden anderen Seiten = 2 d; es soll der geometrische Ort der Spitze des Dreiecks gefunden werden. — 6. Physikalische Arbeit: 1) Das Objectiv eines zusammengesetzten Mikroskops sei eine Biconvexlinse von g_1 = 0,48 cm Brennweite; in einer Entfernung von 0,5 cm vor derselben sei ein 0,11 cm grosses Object aufgestellt; a. wo liegt das Bild desselben; b. wie gross ist dasselbe; c. in welcher Entfernung muss eine aus zwei um 1,5 cm von einander entfernten Biconvexlinsen bestehende Doppellinse von den Brennweiten g_2 = 6 cm und g_3 = 5 cm aufgestellt werden, damit ein dicht hinter derselben befindliches Auge von d = 40 cm deutlicher Schweite ein vergrössertes Bild erblicke; d. in welcher Entfernung von der dem Auge zunächst liegenden Linse (g_4 = 5 cm) erscheint das Bild, und wie gross ist dasselbe; e. welche Vergrösserung des Objectes bewirkt überhaupt das Mikroskop? 2. Es soll berechnet werden zunächst der Fallraum in 1 Min. a. des Mondes gegen die Erde. b. der Erde gegen die Sonne und c. der Sonne gegen die Erde; darauf d. die Masse und Dichtigkeit des Mondes und e. die Schwerkraft an der Oberfläche der Sonne, wenn gegeben ist die mittlere Umlaufszeit des Mondes = 27,3 Tagen, der Radius der Mondbahn (dieselbe als Kreisbahn angenommen) = 60 Erdhalbmessern zu 6378000 m, die Bahngeschwindigkeit der Erde = 30,5 km, die mittlere Entfernung der Erde von der Sonne 148000000 km, die Entfernung der Sonne von der Erde 400 mal derjenigen des Mondes von der Erde, das Volumen der Sonne 1400000 mal so gross als dasjenige der Erde, der Radius der Sonne 112 mal so gross als derjenige der Erde. — 7. Chemische Arbeiten: 1) Wieviel a. Braunstein mit 12,5% fremden Bestandtheilen, b. Salzsäure mit 66% Wasser braucht man zur Darstellung von 750 Lit. Chlor? 2) Die wichtigsten Verbindungen des Calciums.

C. Verordnungen der hohen Behörden.

Coblenz, 24. März 1877. Das Königliche Provinzial-Schul-Collegium theilt Verfügung des Königl. Ministeriums vom 7. März mit, nach welcher die Führung des Doctortitels an bestimmte Bedingungen geknüpft ist.

Coblenz, 27 März 1877. Das Königliche Provinzial-Schul-Collegium theilt Verfügung des Königlichen Ministeriums vom 15. März mit, nach welcher für alle Behörden des Reichs und der Bundesstaaten ein einheitliches Papierformat (33 zu 21 cm.) in Gebrauch zu nehmen ist.

Coblenz, 7. April 1877. Das Königliche Provinzial-Schul-Collegium theilt Verfügung des Königlichen Ministeriums vom 16. Februar mit, durch welche die Benutzung von Lebensversicherungs-Gesellschaften den Lehrern empfohlen wird.

Coblenz, 18. April 1878. Das Königliche Provinzial-Schul-Collegium empfiehlt die von Professor Dr. C. Skrzecka bearbeiteten Tabellen, betr. Behandlung Verunglückter.

Coblenz, 30. April 1877. Das Königliche Provinzial-Schul-Collegium genehmigt die Unterrichtsvertheilung für das Schuljahr 1877—78.

Coblenz, 1. Mai 1877. Das Königliche Provinzial-Schul-Collegium genehmigt die commissarische Beschäftigung des wissenschaftlichen Hülfslehrers F. Krüger.

Coblenz, 3 Mai 1877. Das Königliche Provinzial-Schul-Collegium verfügt, dass die diesjährigen Hauptferien von Montag 20. August bis Samstag 22. September währen, der Unterricht demnach Samstag 18. August Mittag 12 Uhr zu schliessen und Montag 24. September Vormittag 8 Uhr wieder aufzunehmen ist.

Coblenz, 2. Juni 1877. Das Königliche Provinzial-Schul-Collegium empfiehlt Dr. Balzer, Elemente der Mathematik.

Coblenz, 5. Juni 1877. Das Königliche Provinzial-Schul-Collegium verfügt, dass an denjenigen höheren Schulen, deren Lehrer zum grösseren Theil an der diesjährigen deutschen Philologenversammlung zu Wiesbaden theilnehmen werden, die Hauptferien um eine Woche verlängert werden.

Coblenz, 6. Juni 1877. Das Königliche Provinzial-Schul-Collegium theilt eine Verfügung des Königlichen Ministeriums vom 29. Mai mit, durch welche auf den Wunsch des Reichskanzler-Amtes, dass bei der Ertheilung der Berechtigung für den einjährig-freiwilligen Militärdienst die nöthige Strenge gehandhabt werde, u. A. Folgendes verordnet wird. Es ist zu fordern, dass die Zuerkennung des militärischen Befähigungszeugnisses an die abgehenden Schüler mit derselben Strenge und nach denselben Grundsätzen erfolge, nach welchen über die Versetzung der Schüler in die höhere Classe verfahren wird. Die auf der Anstalt verbleibenden Schüler anlangend wird bestimmt, dass mit der bedingungslosen Versetzung in die höhere Classe die Lehrerconferenz ihnen auch ohne besonderen Beschluss das militärische Qualificationszeugniss zuerkennt, dass sonach letzteres ihnen bei der Versetzung einzuhändigen und bei erst später eintretender Anwendung durch eine Bescheinigung des Directors über ihre sittliche Führung zu ergänzen ist.

Coblenz, 26. Juni 1877. Das Königliche Provinzial-Schul-Collegium übersendet die vom Königlichen Ministerium des Cultus 13. Januar mitgetheilte Verfügung des Königlichen Finanzministeriums vom 22. Mai, laut welcher die 1874 nachgegebenen Erleichterungen der Anforderungen an die wissenschaftliche Vorbildung der Candidaten für das Supernumerariat der Verwaltung der indirecten Steuern wieder aufgehoben und die Anforderungen auf das frühere Mass (einjähriger Besuch der Prima von Realschulen I. O oder Gymnasien, Entlassungszeugniss von Realschulen II. O.) erhöht werden, zur Kenntniss und Beachtung.

Coblenz, 2. Juli 1877. Das Königliche Provinzial-Schul-Collegium theilt Verfügung des Königlichen Ministeriums mit, welche unter gleichzeitigem Hinweis auf das Schädliche der verschiedenen Schülerzeitungen den buchhändlerischen Zusendungen an ganze Schülerclassen oder den Primus omnium u. dgl. entgegentritt.

Coblenz, 8. August 1877. Das Königliche Provinzial-Schul-Collegium empfiehlt v. Muth Einleitung in das Nibelungenlied.

Coblenz, 9. August 1877. Das Königliche Provinzial-Schul-Collegium bestätigt die Berufung des Zeichenlehrers Ed. Müller.

Coblenz, 17. August 1877. Das Königliche Provinzial-Schul-Collegium übersendet zur weiteren Beachtung das vom Königlichen Ministerium am 21. Juli mitgetheilte Verzeichniss der künstlerischen Publicationen des deutschen Gewerbe-Museums zu Berlin.

Coblenz, 20. August 1877. Das Königliche Provinzial-Schul-Collegium übersendet die vom Königlichen Ministerium am 9. August erlassene Erläuterung zu der Verfügung vom 29. Mai.

Coblenz, 17. September 1877. Das Königliche Provinzial-Schul-Collegium verfügt: „Auf den Bericht vom 12. d. M. beauftragen wir die Direction, vom Anfange des nächsten Semesters ab die bisher in der dortigen Lehranstalt üblichen Schulandachten wegfallen zu lassen."

Coblenz, 8. November 1877. Das Königliche Provinzial-Schul-Collegium rügt die noch vielfach übliche unmathematische Bezeichnung der Division wie z. B. 4 : 12 = 3, anstatt der richtigen 4 : 12 = $^1/_{12}$ = $^1/_3$.

Coblenz, 24. November 1877. Das Königliche Provinzial-Schul-Collegium theilt Verfügung des Königlichen Ministeriums vom 14. November mit, durch welche die Suphansche Ausgabe von Herders sämmtlichen Werken dringend empfohlen wird.

Coblenz, 20. December 1877. Das Königliche Provinzial-Schul-Collegium empfiehlt, die Vorführung von Sehenswürdigkeiten etc. in Schulen nur dann zuzulassen, wenn in dem Gebotenen ein ganz ausserordentliches Mittel, die Zwecke der Schule in sachgemässester Weise zu fördern, zu erblicken sei.

Coblenz, 9. Januar 1878. Das Königliche Provinzial-Schul-Collegium übersendet als Geschenk des Königlichen Ministeriums ein Exemplar des Werkes: Urkunden und Actenstücke zur Geschichte des Kurfürsten Friedrich Wilhelm von Brandenburg (Nro. 454b des Katalogs).

Coblenz, 21. Januar 1878. Das Königliche Provinzial-Schul-Collegium übersendet die vom Königlichen Ministerium 13. December 1877 mitgetheilte Zusammenstellung der abgekürzten Mass- und Gewichts-Bezeichnungen, unter Betonung des decimalen Charakters der benannten Zahlen und Empfehlung von Dr. Kullins „das Münz-, Mass- und Gewichtssystem."

7*

Coblenz, 7. Februar 1878. Das Königliche Provinzial-Schul-Collegium genehmigt die Beschäftigung des Dr. Th. Franzen als wissenschaftlichen Hülfslehrers der Realschule.

Coblenz, 9. Februar 1878. Das Königliche Provinzial-Schul-Collegium theilt Verfügung des Königlichen Ministeriums vom 31. Januar mit, laut welcher bei Ertheilung des militärischen Qualification-zeugnisses (siehe Verfügung vom 29. Mai 1877) an der Zeitdauer des von dem betreffenden Schüler zu erfordernden Schulbesuches unter besonderen Umständen der Zeitraum von 30 Tagen fehlen darf.

D. Schulchronik.

Das Schuljahr wurde Sonnabend 14. April 1877 eröffnet mit der Anmeldung, Prüfung und Aufnahme der neuen Schüler; am Montag 16. April begann der Unterricht.

Während der Ferien schon hatte die Krankheit des Collegen Proescholdt einen jähen Verlauf genommen; am 11. April wurde derselbe durch den Tod von den unheilbaren Wirkungen des apoplektischen Anfalles erlöset, welcher ihn am 26. Februar inmitten seiner Lehrthätigkeit betroffen hatte. Durch zwölfjährige treue Wirksamkeit an der Anstalt und durch seinen schlichten, ehrenhaften Charakter hat er sich bei seinen Mitarbeitern sowohl wie bei seinen Schülern ein dauerndes Andenken gesichert.

Die Stelle des Verstorbenen wurde für den Verlauf des Schuljahres dadurch ausgefüllt, dass der Cand. phil. Fr. Krüger aus Elbing seine sämmtlichen Obliegenheiten übernahm.

Dem ausscheidenden Oberlehrer Herrn W. Mink wurde in Anerkennung seiner langjährigen treuen und verdienstvollen Berufsthätigkeit von Sr. Majestät dem Kaiser und König durch allerhöchste Cabinetsordre vom 17. Februar der rothe Adler-Orden 4. Klasse verliehen. Die erledigte erste Oberlehrer-Stelle wurde dem bisherigen zweiten Oberlehrer Dr. Evers, die zweite dem Oberlehrer Dr. Krumm, die dritte dem Oberlehrer Dr. Soldan übertragen, und zum vierten Oberlehrer der bisherige ordentliche Lehrer Dr. C. Schwabe gewählt.

An die Stelle des ausgeschiedenen Dr. Rogivue trat der Dr. Jos. Jansen, bisheriger Lehrer der Realschule zu Essen. Derselbe ist geboren zu Cöln am 6. Januar 1849, genoss seine Vorbildung auf dem Aposteln-Gymnasium daselbst, studirte von Herbst 1868 bis Ostern 1870 zu Bonn Philologie der neueren Sprachen, ging zur ferneren Ausbildung nach Paris, wurde aber durch den ausbrechenden Krieg zur Rückkehr genöthigt; nach nochmals fortgesetzten Studien in Bonn und anderthalbjähriger Lehrthätigkeit an der Königlichen Gewerbeschule zu Coblenz erwarb er in Bonn die fac. doc., legte sodann an dem Wilhelmsgymnasium zu Cöln (Winter 1874—75) und an der Realschule zu Essen (Sommer 1875) das pädagogische Probejahr ab und setzte an letzterer Anstalt seine Thätigkeit bis Ostern 1877 fort.

Eine weitere Ergänzung des Lehrercollegiums war nicht erforderlich, da die Zahl der Classen gegen Ostern 1876 sich abermals um eine vermindert hatte. Bei dem Wegfall der Parallelabtheilungen der unteren Classen musste es als zweckmässig erscheinen, dass der ord. Elementarlehrer der Realschule Herr II. Stader zunächst die Oberclasse der Vorschule wieder übernahm; der dritte Lehrer der Vorschule Hr. Weiss, dessen Thätigkeit an unserer Anstalt einstweilen entbehrlich wurde, wurde provisorisch an einer anderen städtischen Anstalt beschäftigt.

Am 11. Juni verlor die Realschule durch den Tod einen ihrer verdientesten Freunde, ihren vormaligen Director Dr. Ant. Rein, welcher die Anstalt vordem 33½ Jahre lang geleitet, sich um die Bürgerschaft unserer Stadt hohe Verdienste erworben und die Schule auch nach dem Verzicht auf unmittelbares Wirken an derselben stets in treuem Herzen getragen hat. Einen Nachruf von Freundeshand, zunächst für den engeren Kreis seiner Angehörigen verfasst, lassen wir, des theuren Mannes Andenken zu ehren, hier folgen.

„Am Morgen des 11. Juni 1877 hat der Tod einen Mitbürger hinweggenommen, welcher viele Jahre hindurch segensreich in unserer Stadt gewirkt und auch in weiteren Kreisen durch wissenschaftliche Arbeiten seinen Namen ehrenvoll bekannt gemacht hat: Dr. Anton Hermann Rein.

Geboren am 1. Mai 1804 zu Gera, studirte er von 1822 bis 1826 Philologie zu Halle und erwarb sich Herbst 1826 den fünfzig Jahre später ehrenvoll erneuerten Doctortitel. Jene hallischen Jugendjahre waren eine Zeit fröhlichen Strebens, lebendigster geistiger Anregung, und noch der Greis gedachte gern im Gespräch seines Verkehrs im Hause des Kanzlers A. H. Niemeyer, der noch lange Jahre wachgehaltenen Freundschaft mit Ritschl, H. Leo, A. Ruge, Ad. Stahr und anderen nachmals als Forscher oder Schriftsteller bedeutend gewordenen Männern.

Schon als Student Lehrer am hallischen Pädagogium, verweilte Rein in dieser Stellung bis Herbst 1832. In diesem Jahre folgte er einem Rufe nach Crefeld, wo er als Rector der höheren Stadtschule an Vogels Stelle trat. Mit welcher unermüdlichen Pflichttreue und zugleich mit welcher herzgewinnenden Güte und Humanität er seinen Beruf erfasste, wie er in bisweilen recht schwierigen Verhältnissen die Schule zu schöner Blüte förderte, wie er lange Jahre und bis zu seinem Tode mit eigener angestrengter Bemühung um die Schöpfung einer ansehnlichen Schulbibliothek besorgt war, das ist seinen zahlreichen Schülern unvergessen. Schon seit Januar 1862 stellte sich bei ihm ein schweres Leiden ein, welches längere Rast vom Amte gebot: Ostern 1866 erhielt Dr. A. R e i n die erbetene Entlassung aus einer Stellung, in welcher er 33½ Jahre segensreich gewirkt. Seitdem lebte er in wohlverdientem Ruhestand den wissenschaftlichen Arbeiten, welche ihn seit seiner Uebersiedelung nach Crefeld fortgesetzt beschäftigt hatten, vornehmlich der Erforschung der Niederlassungen und Strassen, der Denkmale und Gräberstätten, der künstlerischen und gewerblichen Hervorbringungen der Römer im Niederrheinland, ein Gebiet der Wissenschaft, auf welchem er reichste Kenntniss besass und eine anerkannte Autorität war. Die Ergebnisse dieser Forschungen sind in zahlreichen Einzelschriften oder Aufsätzen für wissenschaftliche Fachblätter niedergelegt. Nach und nach machten sich die Schwächen des Alters mehr und mehr geltend; seit zwei Jahren ganz ans Haus gefesselt, fühlte er sich doch beglückt darin, dass ihm die Freude der Arbeit nicht versagt blieb; was sich auch an körperlichen Schmerzen einstellen mochte, ertrug er mit bewundernswerther Geduld, so auch die schweren Leiden seines vierwöchentlichen letzten Krankenlagers, bis ihn ein schmerzloser Tod hinwegnahm.

Mit ihm ist einer der bedeutsamsten Männer des älteren Geschlechtes unserer Stadt dahingegangen, der er nicht nur als Lehrer und Erzieher, sondern auch durch sein Wirken in Stadtrath und Kirchengemeinde reiche Dienste geleistet hat. Ein beträchtlicher Theil unserer jetzt in voller Manneskraft wirkenden Mitbürger ist aus Dr. A. R e i n's Schule hervorgegangen; alle werden dankbar der wahrhaft väterlichen Treue gedenken, mit welcher er seiner Pflicht lebte, nicht bloss auf den Geist, sondern auch auf Gemüth und Willen seiner Zöglinge einzuwirken. Allen die ihm nahe standen, ist R e i n's ernste Religiosität ohne Kopfhängerei, sein tiefes Freundschaftsbedürfniss, die unerschöpfliche Güte seines ganzen Wesens, sein reiches mit der Kraft lebendiger Anregung dargebotenes Wissen, die herzliche Freundlichkeit seines persönlichen Entgegenkommens unvergesslich; aber auch wer sich nur vorübergehend seines Umganges erfreute, wird sich erinnern der liebenswürdigen steten Bereitwilligkeit, mit Belehrung, Rath und That, Vermittelung und Fürsprache sich dienlich zu erweisen. Als Mann der Wissenschaft ein gründlicher Gelehrter und emsiger Forscher, als Schulmann seinem Berufe mit voller Liebe ergeben, war der Geschiedene als Mensch ein treues echtes Gemüth, ein wahrhaftiger gütiger reiner Mann. Friede seiner Asche!"

Am 12. Juli fand eine gemeinschaftliche Turnfahrt aller Lehrer und Schüler nach Lobberich und Hinsbeck statt. Kurz darauf wurden drei Mitglieder des Lehrercollegiums, die Herren Dr. Schwabe, Quossek und v. Aschen, sämmtlich Offiziere der Armee-Reserve, zu einer längeren Uebung der entsprechenden Truppentheile einberufen und mussten während der letzten drei Wochen des Sommersemesters vertreten werden. Gleichzeitig erkrankte der Berichterstatter nicht unerheblich, so dass der Unterricht nur durch eine trotz verschiedener Combinationen doch noch beträchtlich gesteigerte Arbeit des Lehrercollegiums und namentlich durch die umsichtige stellvertretende Leitung des ersten Oberlehrers Herrn Dr. Evers durchgeführt werden konnte.

Mit dem Herbst schied der bisherige Zeichen- und Turnlehrer Herr Herm. Graeber aus seiner hiesigen Stellung, in welcher er mehrere Jahre mit Eifer und Erfolg gewirkt hatte, um an die Realschule zu Bremen überzugehen, und es trat an seine Stelle der von Landeshut her berufene Herr Ed. Müller, dessen Anstellung durch Verfügung vom 9. August bestätigt wurde. Derselbe ist im Jahre 1835 zu Scharpenort Kr. Neustettin geboren und erhielt seine Ausbildung als Zeichenlehrer von Herbst 1871 bis Januar 1875 an der Kön. Kunstschule zu Berlin und der Kön. Kunstakademie zu Königsberg.

Im Anfange des November wurden, wie im verflossenen Schuljahre, so auch diesesmal die Zeugnisse sämmtlicher Schüler für das erste Halbjahr ausgestellt; daneben wurden in einzelnen Fällen, wo es erforderlich schien, im Sommer und Winter den Eltern nähere Mittheilungen über den Bildungsstand ihrer Söhne gemacht.

Am 12. und 13. Februar fand unter dem Vorsitze des Herrn Provinzial-Schulrathes Dr. Hoepfner das mündliche Abiturientenexamen an hiesiger Realschule statt. Am ersten Tage wurden drei durch das Königl. Provinzial-Schulcollegium hierher überwiesene Extraneer geprüft, von denen zwei, Richard Fricke aus Hasslinghausen und Georg Staudt aus Viersen, beide ein Jahr zuvor von der Gewerbeschule zu Barmen als Abiturienten mit dem Zeugnisse der Reife entlassen, die behufs Zulassung zum Studium des Baufaches sich dem Examen der Realschule nachträglich unterzogen, dasselbe bestanden hatten.

Andern Tages fand die Prüfung der Abiturienten hiesiger Realschule statt. Einer derselben, Max Heilmann, wurde in Anerkennung der guten Leistungen und der schriftlichen Prüfungsarbeiten von der mündlichen Prüfung entbunden; die anderen vier erwarben durch dieselbe gleichfalls das Zeugniss der Reife.

— - - **54** ———

1. W a l t h e r E n g e l m a n n aus Crefeld, 17½, Jahre alt, mit dem Praedicat „Gut", wird Kaufmann.
2. M a x G u s s o n e aus Crefeld, 20 Jahre alt, mit dem Praedicat „Genügend", studirt das Forstfach.
3. L o u i s G u s s o n e aus Crefeld, 18½, Jahre alt, mit dem Praedicat „Gut", studirt das Forstfach.
4. M a x H e i l m a n n aus Crefeld, 20¼ Jahre alt, mit dem Praedicat „Vorzüglich", wird Kaufmann.
5. H e i n r i c h t e N e u e s aus Crefeld, 18 Jahre alt, mit dem Praedicat „Gut", wird Kaufmann.

Am 28. Januar starb nach einer plötzlichen heftigen Erkrankung der Obertertianer Ernst Philippsthal ein Schüler, dessen Leistungen und Pflichttreue seine Eltern und Lehrer zu schönen Hoffnungen berechtigte. Er wurde von seinen Lehrern und Mitschülern zu Grabe geleitet.

Zum Ersatz für den ord. Lehrer v. Aschen, der nach nur einjähriger Thätigkeit von unserer Anstalt an die Realschule zu Braunschweig berufen wurde und dessen Stelle, — eine der etatsmässigen ordentlichen Lehrerstellen, — durch fernere Verminderung der Classenzahl vielleicht binnen zwei Jahren in Wegfall kommen wird, tritt einstweilen in provisorischer Anstellung als wissenschaftlicher Lehrer der Herr Dr. Theod. Franzen ein, welcher vor 5 Jahren unter Vertauschung des Berufes eine ordentliche Lehrerstelle an der Realschule aufgegeben hatte und nun, als ein schon vordem um die Anstalt vielfach verdienter Lehrer, in seine frühere Thätigkeit und den Kreis seiner alten Collegen zurückkehrt.

Am 22. März fand die Feier des Geburtsfestes Sr. Majestät des Kaisers und Königs in gewohnter Weise statt. Die Festrede hielt der Herr Dr. Jansen „über die Entwicklung und den Verfall des alten römischen Kaiserthums deutscher Nation."

E. Geschenke.

Für die naturwissenschaftliche Sammlung schenkten: der Quartaner Wilh. de Greiff einen Thurmfalken (falco tinnunculus), der Untertertianer Huenges 2 Blindschleichen, der Untertertianer Fritz de Greiff eine Partie Cocons des Seidenspinners, der Quartaner A. Pfaff eine Wandertaube, der Quintaner ter Schüren ein Wiesel und der Quartaner Voorgang einen Wellensittich.

Für die Wittwen- und Waisenkasse der Realschule schenkte Herr R. Reifenberg nach dem Abiturienten-Examen seines Sohnes Ernst den Betrag von 75 Mark.

Für diese Geschenke sagt der Berichterstatter im Namen der Anstalt den Gebern herzlichen Dank.

-

F. Schulbücher.

P r i m a : Hagenbach Leitfaden. Schauenburg und Hoche, Löhbuch's Chrestomathie. Ploetz Man. u. Nouv. Gramm. franç., Gantter, Andrae, v. Sydow Atlas. Koppe. Evers, Mink. Koppe. Köhler Logar.. Erk Sängerhain.

O b e r - S e c u n d a : Bibel, Schulgesangbuch, Schauenburg und Hoche, Löhbuch, Siberti, Meiring, Ploetz Man. u. Gramm. II. Gantter I.. Plate II. Andrae. v Klöden. v. Sydow Atlas, Leunis 3 Theile. Koppe, Evers, Mink. Koppe Köhler Logar. Erk.

U n t e r . S e c u n d a : Bibel. Schulgesangbuch. Hopf und Paulsiek. Caesar. Siberti. Spiess. Ploetz Man. u. Gramm. II.. Gantter I.. Plate II.. Andrae.v. Klöden. v Sydow Atlas. Leunis. 3 Theile. Koppe. Köhler Logar.. Erk.

O b e r - T e r t i a : Bibel, Schulgesangbuch, Hopf u. Paulsiek. Caesar. Siberti. Meiring, Ploetz II.. Plate I., Andrae, v. Klöden. v. Sydow Atlas. Leunis II. u III. Theil, Evers. Mink. Koppe, Schellen. Erk

U n t e r - T e r t i a : Bibel, Schulgesangbuch, Hopf und Paulsiek, Caesar, Siberti, Scheele II.. Ploetz I.. Plate I.. Andrae, v Klöden v Sydow Atlas, Leunis I u. II. Theil. Mink, Koppe. Schellen. Erk.

Q u a r t a : Bibel. Schulgesangbuch. Hopf und Paulsiek. Scheele II.. Ploetz II. Welter s. G.. v. Klöden, v. Sydow Atlas, Leunis I. u Theil, Mink. Koppe, Schellen, Erk.

Q u i n t a : Schulgesangbuch. Schumacher bibl. Historien, Hopf und Paulsiek. Scheele I.. Ploetz I . Welter m. G., v. Klöden, v Sydow Atlas, Leunis I. u II. Theil, Schellen. Erk.

S e x t a : Schulgesangbuch. Schumacher bibl. Historien. Hopf und Paulsiek, Scheele I.. Welter a. G. v. Sydow Atlas. Lübben, Koch IV, Erk.

V o r s c h u l e A. : Schumacher bibl. Historien. Hopf und Paulsiek für Octava. Koch II

V o r s c h u l e B. : Schumacher bibl. Historien. Hopf und Paulsiek für Octava. Koch I

V o r s c h u l e C. : S h u m a c h e r bibl. Historien. Fibel von Haester, Leschuch von Lübben und Nacke II. Crefelder Rechentibel.

G. Statistische Uebersicht.

Schülerzahl Ostern 1877 bis Ostern 1878.

Schülerzahl in	Ob. I.	U. I.	Ob. II.	U. II.	Ob.III	U. III	IV.	V.	VI.	Sa.	Vorschule A.	B.	C.	Sa.	Sa. Tot.
I. Uebergang Ostern 1877.															
a. Schlussfrequenz Ostern 1877	4	6	8	32	49	38	72	46	49	304	31	44	26	101	405
Versetzt und abgegangen	4	0	1	12	1	1	5	2	0	26	7	1	2	10	36
„ „ gestiegen	0	5	5	12	36	24	47	28	43	200	19	33	20	72	272
Nicht versetzt und abgegangen	0	0	0	0	3	4	4	5	2	18	0	4	0	4	22
Nicht versetzt und geblieben	0	1	2	8	9	9	16	11	4	60	5	6	4	15	75
Gestiegen s. o.	5	5	12	36	24	47	28	43	19	219	33	20	0	53	272
b. Bestand vom vorigen Schuljahr	5	6	14	44	33	56	44	54	23	279	38	26	4	68	347
Neu aufgenommen	0	0	1	0	2	1	3	1	7	15	6	0	21	27	42
c. Anfangsfrequenz April 1877	5	6	15	44	35	57	47	55	30	294	44	26	25	95	389
II. Veränderungen im Schuljahr:															
Im Sommer Abgang	0	0	0	0	0	0	0	0	0	0	0	0	0	0	0
„ „ Zugang	0	0	0	0	0	0	0	0	0	0	0	0	0	0	0
a. Bestand Ende des Sommers	5	6	15	44	35	57	47	55	30	294	44	26	25	95	389
Im Herbst Abgang	0	1	5	6	0	5	1	5	0	23	3	0	0	3	26
„ „ Zugang	0	0	0	0	1	1	0	0	1	3	2	1	1	4	7
b. Bestand Anfang des Winters	5	5	10	38	36	53	46	50	31	274	43	27	26	96	370
Im Winter Abgang	0	0	0	1	1	0	0	1	0	3	0	0	1	1	4
„ „ Zugang	0	0	0	0	0	1	1	0	0	2	0	0	0	0	2
Schlussfrequenz Ostern 1878	5	5	10	37	35	54	47	49	31	273	43	27	25	95	368
III. Gesammtfrequenz:															
a. Im Sommer	5	6	15	44	35	57	47	55	30	294	44	26	25	95	389
b. Im Winter	5	5	10	38	36	54	47	50	31	276	42	27	26	95	371
c. Im ganzen Schuljahr	5	6	15	44	36	59	48	55	31	299	46	27	26	99	398
IV. Heimath:															
a. Einheimische	5	2	11	38	30	46	45	52	30	260	46	27	26	99	359
b. Auswärtige	0	3	4	5	5	11	3	3	0	34	0	0	0	0	34
c. Ausländer	0	0	0	1	1	2	0	0	1	5	0	0	0	0	5
V. Confession:															
a. Evangelisch	2	4	10	34	23	30	33	31	21	189	30	16	17	63	252
b. Mennonitisch	1	0	3	1	1	5	1	2	1	15	4	1	3	8	23
c. Katholisch	2	1	2	4	4	15	9	15	5	57	6	4	5	15	72
d. Israelitisch	0	0	0	5	8	9	5	7	4	38	6	6	1	13	51
VI. Alter am 1. October 1877:															
a. Ueber 14 Jahre alt	5	6	15	42	29	29	11	6	0	143	0	0	0	0	143
b. Unter 14 Jahre alt	0	0	0	2	7	30	37	49	31	156	46	27	26	99	255
c. Durchschnittsalter	18,1	17,3	16,11	16.	15,1	13,10	13.	11,9	10,3	13,8	8,11	8.	6,11	8,2	12,1

Verzeichniss sämmtlicher Schüler, welche im Laufe des Schuljahres 1877—78 die Realschule besuchten.

— nur im Sommer.   — nur im Winter.

Ober-Prima.

1. Engelmann, Walther
2. Gussone, Max
3. Gussone, Ludwig
4. Heilmann, Max
5. te Neues, Heinrich

Unter-Prima.

6. Schroeder, Eduard
7. Bösing, Adolf, aus Hamburg
8. Hild, Joseph, aus Brüggen
9. Jentges, Wilhelm
10. *Schmitz, Wilhelm
11. Reinhertz, Carl, aus Xanten

Ober-Secunda.

12. Halfmann, Robert
13. *Storck, Adolf
14. Altgelt, Carl
15. v. Beckerath, Rudolf
16. v. d. Herberg, Carl
17. Heymann, Friedr. aus Eckenhagen
18. *Jündges, August
19. Kalker, Max, aus Willich
20. v. Lumm, Max
21. Risler, Conrad
22. Schnitzler, Carl
23. *v. d. Steinen, Wilh. aus Viersen
24. *Tilmes, Walther
25. *Welter, Eugen
26. Binger, Peter, aus Oppum

Unter-Secunda.

27. *Blasberg, Arthur
28. *Bruckmann, David
29. °Ebeling, Albert
30. Malthan, Fritz, aus Deuz
31. *Reusch, Hermann
32. Roth, Gustav
33. *Schürmann, August
34. *Vanasse, Wilhelm
35. Alterhoff, Carl
36. Andriessen, Adolf
37. Bayerle, Max
38. Braun, Ludwig
39. Bretthal, Heinrich
40. Bussien, Wilhelm
41. Cain, Moritz, aus Geldern

42. Campbell, Max
43. Engelmann, Otto
44. Gerpott, Carl
45. Goldbach, Eduard
46. Graessner, Alfred
47. Guillaume, Theodor, aus Cöln
48. Haasen, Hermann
49. Heilmann, Felix
50. Hollender, Georg
51. Königs, Adolf
52. Kohn, Albert
53. Krüll, Ferdinand
54. Kühler, Hermann
55. Lehmann, Bernhard
56. Leven, Otto
57. Noelle, Rudolf, aus Dortmund
58. Pohle, Georg
59. Reymann, Carl
60. v. Scheven, Carl
61. Schmitz, Leo
62. Schütz, Ferdinand
63. Schütz, Carl
64. Seyffardt, Fritz
65. Simon, Theod., a. Kirn
66. Stader, Emil
67. Thyssen, Arthur
68. Toll, Wilhelm
69. Türstig, Paul, aus Arnheim
70. Wallbrecher, Wilhelm

Ober-Tertia.

71. Bretthal, Wilhelm
72. Bretthal, Max
73. Girmes, Dietrich, aus Oedt
74. Hox, Albert
75. Philippsthal, Ernst
76. Philippsthal, Oscar
77. Scheidt, Wilhelm
78. Spindler, Carl
79. Winkler, Eugen
80. Alterhoff, Ernst
81. Andriessen, Gustav
82. Biermann, Wilhelm
83. Büsing, Eduard, aus Hamburg
84. Fay, Otto
85. Fries, Heinrich
86. Geller, Johann
87. Greven, Matthias
88. Heimendahl, Ludwig
89. Heymann, Eduard
90. Heymans, Otto

91. Höninghaus, Arthur
92. v. Kempen, Emil
93. Leven, Emil
94. v. Lumm, Carl
95. Meder, Gustav
96. Nellen, Heinrich
97. Oppenheimer, Alex.
98. Roth, Emil
99. Schmitz, Sigismund, aus Königshoven
100. Spier, Siegf., a. Rees
101. Spindler, Arthur
102. Thurmann, Friedrich
103. Weyer, Aurel
104. Marcus, Valentin, aus Rees
105. Schultz, Ernst, aus Berlin
106. Köhler,* Julius aus Antwerpen

Unter-Tertia.

107. *Backhaus, Fritz, aus Haan
108. Blankenstein, Max
109. Goffart, Eduard
110. Heydweiller, Fritz
111. Huerges, Eduard
112. Lucas, Eugen
113. Remkes, Otto
114. Vetter, Paul
115. Voss, Hugo
116. Altgelt, Hermann
117. Andriessen, Walther
118. Bacher, Franz, aus Osterath
119. Backhaus, Alexander
120. Backhaus, Rudolf
121. Bechem, Carl
122. v. Beckerath, Rob.
123. Beckmann, Hermann, aus Traar
124. Behr, Benjamin
125. Bröckermann, Heinr. aus Mülh. a. d. R.
126. Carstanjen, Paul
127. Cohen, Moritz
128. *David, Paul
129. Edeler, Heinrich, aus Bockum
130. Ferreira, Luiz, aus Maranhaó
131. Frings, August.
132. Gerpott, Hans
133. Goertz, Wilhelm, aus St. Tönis
134. Gommersbach, Wilh.

135. de Greiff, Fritz
136. Haselhoff, Bernhard
137. Heilgers, Adolf
138. Heilmann, Paul
139. Herzberger, Julius
140. Holthausen, Emil
141. *Joebges, Hugo
142. Kannengiesser, Carl
143. Kohn, Carl
144. Krafft, Ludwig
145. Krüger, Ernst
146. Lehmann, Max
147. *Leven, Adolf
148. Loch, Wilh.
149. Pardun, Fritz
150. Peters, Ernst
151. Prinz, Heinrich
152. Raves, Rudolf, aus St. Tönis
153. Rubensohn, Isidor, aus Cöln
154. Rueben, Hermann
155. Schell, Wilhelm
156. Stader, Carl
157. Thomas, Hermann
158. Wansleben, Arthur
159. Weinfurth, Carl
160. *Wichterich, Heinr., aus St. Tönis
161. Winters, Emil
162. Zillessen, Ernst
163. Schultz, Gustav, aus Berlin
164. Reverchon,* Edmund, aus Trier
165. Mackenzie*, John, aus Rugby

Quarta.

166. Andriessen, Ernst
167. Barnscheidt, Fritz
168. Dyckmans, Wilhelm
169. Ebeling, Gustav
170. Geldmacher, Fritz
171. Hecker, Fritz
172. Jacobs, Adolf
173. Jacobs, Max
174. Kraemer, Wilhelm
175. Lotz, Adolf
176. Ophüls, Carl
177. Peltzer, Wilhelm
178. Pfaff, Albert
179. Platen, Heinrich
180. Pohle, Johann
181. v. Scheven, Paul
182. Achternbusch, Carl

183. Alterhoff, Richard
184. v. Beckerath, Alfred
185. Biermann, August
186. Bovenschen, Wilh.
187. Braun, Gustav
188. Cohn, Gustav, aus Caldenhausen
189. Davids, Julius
190. Dengler, Wilhelm
191. Dörner, Fritz
192. Ewald, Carl
193. de Greiff, Wilhelm
194. Grodezinski, Moses
195. Hennes, Friedr. Wilh.
196. Hertzmann, Joseph
197. Kamp, Adolf
198. Klinge, Fritz
199. Leven, Arthur
200. Mink, Hugo
201. Römer, Rudolf
202. Rohde, Albert
203. *Rossmühlen, Rud.
204. Schütgen, Carl
205. Suckow, Edmund
206. Thurm, Victor
207. Voorgang, Johannes
208. Weiter, Otto
209. Willner, Joseph, aus Grefrath
210. Reinhold, Arthur
211. Kriens, Heinrich, aus Rumeln
212. Kühnen, Ernst
213. Küpper,* Wilhelm

Quinta.
214. Büschgens, Adolf
215. David, Max
216. Greven, Johannes
217. Heimendahl, Alfred
218. Kirschgens, Wilhelm
219. Mink, Rudolf
220. Schwers, Carl
221. *v. d. Sloot, Adrian
222. Stratmann, Fritz
223. Wefers, Gustav
224. Winkler, Arthur
225. *Brabender, Carl
226. Buchholtz, Heinrich
227. Dengler, Adolf
228. Deuss, Fritz
229. Eckner, Robert
230. Fervers, Max, aus St. Tönis
231. Finck, Franz
232. Genniges, Emil
233. Gueres, Hugo
234. Grau, Carl
235. Grodezinski, Ruben

236. Hafels, Max
237. Herzberger, Sigmund
238. Kamp, Michael
239. Kamper, Arthur
240. Kiesenthal, Wilhelm
241. Kirdorf, Johannes
242. Kniffler, Carl
243. Koenigs, Emil
244. Krüll, Georg
245. Krumm, Max
246. Lankes, Fritz
247. v. d. Leyen, Conrad
248. v. d. Linde, Heinr.
249. *Mertens, Wilhelm
250. Molenaar, Gustav
251. Müller, Arthur
252. Neuperz, Wilhelm, aus Bockum
253. Oppenheimer, Max
254. Ostermann, Gustav
255. Philippsthal, Rich.
256. Puller, Gustav
257. Schäfer, Wilhelm
258. Schmitz, Hermann
259. ter Schüren, Carl
260. *Sigmann, Carl
261. *Stern, Sigmund
262. Storck, Emil
263. Suckow, Alexander
264. Vanneste, Carl
265. Vollmeyer, Robert
266. Wanders, Hermann
267. Wefers, Albert
268. Michelmann, Edm. aus Quedlinburg

Sexta.
269. Haasen, Wilhelm
270. Oppenheimer, Julius
271. Schmitz, Arthur
272. Streithoff, Albert
273. Altgelt, Ernst
274. Altgelt, Carl
275. Boley, Max
276. Cords, Walther
277. David, Edmund
278. Ferreira, Joaõ, aus Maranhaõ
279. Geller, Carl
280. de Greiff, Walther
281. Jacobs, Fritz
282. Kamp, Gustav
283. Kühler, Hugo
284. Leven, Carl
285. v. d. Linde, Arthur
286. Möller, Max
287. Rode, Carl
288. Römer, Otto
289. Schmidt, Hermann

290. Schwers, Oscar
291. Siegfried, Curd
292. Dannenbaum, Jacob
293. Fliegenschmidt, Aug
294. Fürst, Robert
295. Kriens, Hermann
296. Nabersberg, Carl
297. Saelmans, Carl
298. Tillmann, Otto
299. Milchien,* Eduard

Vorschule A.
1. Blankenstein, Ernst
2. Boventer, Wilhelm
3. Goll, Max
4. Streithoff, Eduard
5. Welter, Adolf
6. Ascherfeld, Adolf
7. *Bausch, Friedrich
8. v. Beckerath, Robert
9. Becker, August
10. Bosshardt, Sigwart
11. Brüggemann, Paul
12. Buchner, Otto
13. Engels, Caspar
14. Gerpott, Heinrich
15. de Greiff, Eugen
16. de Greiff, Robert
17. le Hanne, Friedrich
18. Heimendahl, Alex.
19. Herzberger, Max
20. Kaufmann, Carl
21. Königs, August
22. Königs, Carl
23. Königsberger, Ernst
24. Michels, Carl
25. Mottau, Ernst
26. Onderevck, Ludwig
27. Peltzer, Max
28. Pickhardt, Julius
29. *Remelé, Carl
30. Ruhland, Eduard
31. Schäfer, Julius
32. Schroers, Hermann
33. ter Schüren, Wilhelm
34. Tenhompel, Otto
35. Thomas, Max
36. Thurm, Georg
37. Voss, Max
38. Winnertz, Peter
39. Alsbach, Peter
40. *Förster, Adolf
41. Mitrowski, Wilhelm
42. Kaufmann, Max
43. Overluck, Paul
44. Schnitzler, Heinrich
45. Deswatines,* Arthur
46. Finckh,* Carl

Vorschule B.
47. Davids, Siegfried
48. v. Elten, Emil
49. Goll, Emil
50. Jentges, Otto
51. Müller, Wilhelm
52. Vits, Heinrich
53. Biermann, Emil
54. Bovenschen, Peter
55. Carow, Heinrich
56. Herzberger, Leopold
57. Kamp, Wilhelm
58. Kohn, Arthur
59. Kohn, Otto
60. Kowes, Ernst
61. Königsberger, Paul
62. Kreutler, Hermann
63. Oppenheimer, Ernst
64. Peltzer, Fritz
65. Peters, Georg
66. Prinz, Carl
67. Ruhland, Max
68. Schehl, Hugo
69. Schiffer, Adolf
70. Schmaldt, Wilhelm
71. Schneider, Alfred
72. Schneider, Rudolf
73. Kamp,* Johann

Vorschule C.
74. Klemme, Gustav
75. Launhardt, Wilhelm
76. Voss, Moritz
77. Wanders, Fritz
78. Ascherfeld, Fritz
79. v. Beckerath, Fritz
80. Bosshardt, Ferdinand
81. Debois, Hans
82. Förster, Carl
83. Franzen, Wilhelm
84. Hertz, Adolf
85. Huddick, Hermann
86. Houben, Fritz
87. Krüger, Julius
88. Lies, Otto
89. Müller, Paul
90. Rohde, Martin
91. Samnée, Hugo
92. Schneider, Wilhelm
93. Thomas, Paul
94. Thomas, Arthur
95. Vezin, Otto
96. Vits, Ernst
97. Voelcker, Ernst
98. Wittig, Emil
99. Debois,* Wilhelm

8

58

H. Anordnung der Schlussprüfung.

Montag den 15. April.

Vormittags 8—1 Uhr.

Vorschule C.: Rechnen und Lesen. Merker.
Vorschule B.: Rechnen und Deutsch. v. d. Thüsen.
Vorschule A.: Rechnen und Deutsch. Stader.
Sexta: Naturgeschichte. Hagen.
Quinta: Geschichte und Geographie. Schumacher.
Quarta: Französisch. Krumm.
Unter-Tertia: Mathematik. Schauenburg.

Nachmittags 3—6 Uhr.

Ober-Tertia: Englisch. Quossek.
Unter-Secunda: Mathematik. Evers.
Ober-Secunda: Latein. Schwabe.
Prima: Geschichte. Soldan.

Dienstag Vormittag 8 Uhr versammeln sich alle Schüler, um ihre Schlusszeugnisse und das Urtheil über ihre Versetzungsfähigkeit zu empfangen. Gleichzeitig werden die Abiturienten und die übrigen abgehenden Schüler durch den Director entlassen.

Das neue Schuljahr wird Sonnabend 4. Mai eröffnet mit der Anmeldung, Prüfung und Aufnahme neuer Schüler; Montag 6. Mai beginnt der Unterricht.

Zur Aufnahme in die Anfängerclasse der Vorschule sind durchaus keine Vorkenntnisse zu wünschen. Zur Aufnahme in die Sexta ist erforderlich: Geläufigkeit im Lesen deutscher und lateinischer Druckschrift; eine leserliche und reinliche Handschrift; Fertigkeit, Dictirtes ohne grobe orthographische Fehler nachzuschreiben; Sicherheit in den vier Grundrechnungsarten mit gleich benannten Zahlen; in der Religion einige Bekanntschaft mit den Geschichten des alten und neuen Testaments, sowie (bei den evangelischen Schülern) mit Bibelsprüchen und Liederversen.

Bei der Anmeldung ist Schulzeugniss und Impfschein vorzulegen, bei Knaben über 12 Jahre auch der Nachweis der Revaccination.

Die unterzeichnete Direction bemerkt, um verschiedentlich ausgesprochenen Fragen und Zweifeln zu begegnen, dass die Realschule I. O. und das Gymnasium in Preussen, der gleichen Rangstellung der Lehrercollegien und der gleichen Dauer der Lehrcurse entsprechend, auf allen Classenstufen die gleichen Berechtigungen gewähren, mit dem einzigen Unterschiede, dass das Abiturientenexamen der Realschule nur die Zulassung zur philosophischen Facultät der Universitäten und auch nur für das Studium der neueren Sprachen, der Mathematik und der Naturwissenschaften mit sich bringt, dasjenige des Gymnasiums für alle Universitätsstudien berechtigt. Demnach hat der Abiturient einer Realschule, um sich jedem Zweige der akademischen Studien widmen zu können, entweder vor der Immatriculation oder in einem der ersten Semester auf der Universität eine Ergänzungsprüfung zu bestehen, welche sich in der Regel auf Latein, Griechisch und alte Geschichte beschränkt, um nach deren Absolvirung mit den Gymnasialabiturienten völlig gleiche Rechte zu besitzen.

Dr. E. Schauenburg.